사물의 약속

사물의 약속

The Promise of Things

루스 퀴벨 지음 / 손성화 옮김

올댓북스

데이먼, 니코스, 소피아에게

차례

사물에 심취한 여인을 본 적 있는가?
그녀의 관심과 애정, 욕망은 머릿속이 아니라 정원, 음식, 가구,
침실을 덥히는 뜨거운 물주머니 등에 들러붙어 있다.

_작가 체럴드 브레넌이 여류 화가 도라 캐링턴을 깎아내리며 한 말

마티스의
안락의자

Matisse's Armchair

안락의자 앞에선 생각을 정리하고 싶어져. …… 사람들은 애정 어린 감탄을 하게 되지. 익숙한 사물은 가슴에서 흘러넘치는 감정을 받아줄 만큼 충분한 관심을 우리에게 보여주거든.

_마티스가 친구 루이 아라공에게 보낸 편지

시인 루이 아라공은 마티스의 절친한 친구였다. 그는 마티스의 그림에서 여자들에 비해 안락의자의 다양성과 표현력이 떨어진다는 세간의 평가에 의구심을 내비쳤다.

_J. A. 이사크 J. A. Isaak, 《페미니즘과 현대미술》

또 하나의
의자

1942년 어느 봄날, 프랑스 화가 앙리 마티스는 시내로 외출했다. 어쩌면 날마다 하는 산책이었을지도 모른다. 조수이자 간호사, 뮤즈인 리디아가 건강을 누누이 강조했으니 말이다. 마티스는 골동품 가게 안을 느긋하게 거닐었다. 거기서 그는 법랑처럼 은을 입힌, 18세기 바로크 양식의 빼어난 의자를 발견했다. 마티스는 루이 아라공에게 이런 편지를 보냈다. "1년 내내 원하던 물건을 드디어 찾았어. 그걸 보니…… 너무 충격을 받아서 정신이 멍해졌어. 정말 아름답고 멋져. 홀딱 반했지 뭔가. 이 의자를 만났으니 올여름엔 조금씩 작업의 속도를 올릴 수 있을 거야."

당시 상황에서 마티스의 열광은 결코 사소한 일이 아니었다. 바로 전해에 마티스는 죽음의 문턱까지 갔다가 서서히 몸을 추스르며 시간을 보낸 터였다. 그에게 새 의자는 미래에 건 판돈이자 또다시 주어진 삶의 기회를 힘껏 잡겠다는 마음가짐이었다.

마티스의 안락의자

그 의자의 어떤 점이 그리도 특별했을까? 18세기에 유행하던 로카이유 장식의 안락의자는 오늘날 봐도 상당히 특이하다. 아라베스크 무늬로 화려하게 꾸민 팔걸이에 입을 벌린 조개가 올라앉은 듯, 아주 비현실적인 모습이다. 팔걸이와 시트가 만나는 부분에는 용처럼 생긴 얼굴이 표현되어 있고, 짧은 다리조차 우아하다. 그냥 앉는 용도가 아니라 관상용으로 만들어진 의자다. 기이한 동시에 누가 봐도 의자스러운 별난 조합 때문에 쉽게 흥미를 끈다.

그러나 당시 상황에서 마티스가 의자를 사면 안 될 이유는 한두 가지가 아니었다. 프랑스는 북부 지역이 적군에 점령된 위기 상태였다. 마티스가 전쟁을 피해 니스에 가 있는 동안 그가 아는 사람들은 모두 전쟁의 피해를 입었다. 딸은 저항운동을 돕다가 위험에 빠졌고, 아들도 짧은 기간이긴 해도 징병되었다. 마티스는 안전을 위해 미국으로 보낸 손자 클로드를 그리워했다. 마티스 자신도 심하게 아팠다. 갈수록 노쇠해진 사내는 아내와도 관계가 소원해졌다. 전기 작가 앨러스테어 수크Alastair Sooke에 따르면 마티스는 전쟁과 프랑스의 미래에 대해 절망한 상태였다. "사랑하는 피에르, 구세계와 신세계를 모두 파괴하는 집단적 광기에 대해 어떻게 생각하니? 온 세상이 기를 쓰고 파멸하는 데 여념이 없구나." 1941년 마티스가 아들에게 보낸 편지다.

그렇다면 마티스는 오래된 의자 하나에 왜 그렇게 흥분했을까?

아무리 흥미롭고 이국적이더라도 가구는 실존에 관한 기본적인 사실을 바꾸지는 못한다. 그건 마티스도 잘 아는 바였다. 솔직히 그 의자가 필요한 것도 아니었다. 그는 이미 별의별 의자를 다 갖고 있었다. 언론인 마리프랑스 부아예Marie-France Boyer에 따르면 마티스는 볼테르 의자(소용돌이 장식이 있는 높은 등받이 의자), 나무와 가죽에 금속 조각을 붙여 장식한 네오르네상스 양식의 의자, 두꺼운 다마스크 직물을 씌운 등받이가 높은 의자를 갖고 있었다. 불과 몇 달 전에도 좋아하는 의자 하나를 들인 참이었다. 부아예에 따르면 그 의자는 빨간색과 흰색 줄무늬의 루이 15세풍 낮은 안락의자로, 속이 빵빵한 큰 쿠션과 정교한 가장자리 장식이 있었다. 도대체 왜 마티스는 의자가 또 필요했을까?

마티스의 안락의자

사물에게 거는
기대

마티스의 행동은 자기 세계가 흔들릴 때 사람들이 흔히 하는 행동과 비슷해 보인다. 우리는 신경을 딴 데로 돌리거나 기분을 끌어올리기 위해 아이쇼핑을 하거나 뭔가를 산다. 이 경우 물건은 그 자체를 뛰어넘은 어떤 것에 대한 약속이다. 약속은 어떤 이에게는 아름다움이나 새로움에 가까워짐으로써 얻는 뜻밖의 행복이나 기쁨이 될 수 있고, 또 어떤 이에게는 희귀한 그림, 성능 좋은 자동차, 고급 옷감처럼 비싸거나 몹시 탐나는 물건을 소유하는 데서 오는 자신감, 사회적 지위, 존경이 될 수 있다. 물건을 소유하면 그 물건 없이는 성취할 수 없을 것 같은 방식으로 정서적으로나 사회적으로 어느 정도 한 단계 올라갈 수 있다. 비록 그런 충족감이 일시적일 뿐이라도 말이다.

소유물이 우리를 완전히 바꿔놓거나 만족감을 주리라는 무언의 기대를 하게 되는 것이다. 그렇게 설명되는 세계를 일반적으로 '물질주의'라고 한다. 보통 물질주의적인 사람들은 유약한 성격으로 묘사되기 일쑤다. 욕심쟁이에 탐욕스럽고 소유욕이 강하며 자제력이 부족한 사람으로 그려진다. 이 때문에 사람들은 대개 소유물에 대한 애착을 부인하기 바쁘다. 하지만 물질적 소비는 일상적이다. 설령 실제로는 그렇지 않더라도, 소유물이 나와 내 삶을 개선하리라는 무언의 절대적인 믿음이 지속되고 있기 때문이다. 조르주 페렉은 소설 《사물들》에서 새로운 소유물에 대한 추구가 어떤 식으로 작동하는지를 잘 보여준다. "모든 것이 새로웠다." 페렉은 소설의 중심인물인 남녀 커플에 대해 이렇게 서술한다.

> 그들의 감수성, 취향, 지위가 그들을 이때껏 전혀 몰랐던 것들을 향해 나아가게 했다. 다른 사람들이 옷 입는 방식에 관심을 기울였다. 가구, 작은 장식품, 쇼윈도에 진열된 넥타이를 눈여겨보았다. 부동산 중개업소의 광고를 보면서 골똘히 생각에 잠겼다. …… 이처럼 새로운 관심사를 위해 그것들을 갖췄던 적은 한 번도 없었다. 두 사람은 새로운 기분으로 아주 열정적으로 물건들을 찾아냈고, 그토록 오랫동안 아무것도 모르는 상태로 지냈다는 사실에 곤혹스러워했다. 이러한 사실 외에는 아무것도 생각하지 않는다는 것을 두 사람은 전혀, 아니 거의 놀랍게 여기지 않았다.

마티스의 안락의자

물건 자체가 꼭 문제되는 것은 아니다. 물건을 추구하게 만드는 가정[assumptions]이 문제다. 물질주의적 가치를 비판하는 사람들은 허기를 채우듯 물건을 사는 것은 개인적으로 파괴적인 행위이며 병적인 사회 이념에 기초한다고 주장한다. 언론인 조지 몬비오 George Monbiot는 영국 일간 〈가디언〉에 실은 글에서 물질주의를 "더 많은 돈과 더 많은 물건을 가지면 행복이 증진된다고 스스로 믿게 만드는 끔찍한 실수"에 기초한 "보편적인 사회적 불행의 원인"이라고 설명했다. 이런 유형의 물질주의는 더 많은 물건, 더 좋은 물건을 소유하면 인생이 보상받거나 완전히 탈바꿈하거나 개선된다는 믿음에 기대고 있다.

이러한 가정에는 우리가 어떤 점에서는 불완전하고 부족한 존재라는 인식이 내재되어 있다. 심리학자 미하이 칙센트미하이의 주장에 따르면, 물질주의가 그토록 매력적인 이유는 물건의 견고함이 유한한 육체와 정신에 본래 없던 것을 제공하기 때문이다. 칙센트미하이는 "우리가 물질주의에 빠지는 것은 대개 의식의 불안정성을 사물의 견고함으로 바꾸고 싶어 하는 역설적인 욕구 때문이다"라고 설명한다. 마찬가지로 인간의 몸은 "자아감을 만족시킬 정도로 충분히 크지도, 아름답지도, 영원하지도 않기" 때문에 우리는 물건을 통해 육체의 힘, 능력, 표현을 확장하는 법을 찾아낸다. 철학자 크리스핀 사트웰 Crispin Sartwell의 말마따나 새롭고 신기한 사물과 경험은 특히 우리를 둘러싼 세계가 싫증날 때 다시 지각할 수 있도록, 다시 활기를 찾을 수 있게 해준다. 사트웰은 "우리가 경험하는 물건들이 평범한 것이 되어버리는 건 인간에 관한 슬프지만 불가피한 진실"이라고 주장한다.

선천적인 결핍과 기분 전환 욕구에 이끌리다 보면 물질적 욕구의 자연적인 한계점은 있을 수 없다. 재정적인 제약이라는 현실의 벽에 부닥칠 수는 있지만 더 많이 원하는 욕망을 결코 제한하지는 못한다. 오히려 손쉬운 신용거래를 통해 제약을 뛰어넘을 수 있다. 사회학자 장 보드리야르Jean Baudrillard는 이렇게 주장한다. "소비가 정말로 욕구의 영역과 연결되어 있다면 만족에 어느 정도 진전이 있을 수 있다. 하지만 그런 일은 결코 일어나지 않는다는 걸 우리는 아주 잘 안다. 사람들은 그저 더욱더 많이 소비하기를 원할 뿐이다."

물질주의적 세계의 밀당[push and pull]은 나를 비롯한 많은 사람들이 씨름하고 있는 문제다. 나는 10대 시절에는 특정 브랜드의 옷, 20대에는 반들반들한 도자기 그릇, 30대 후반에는 저장 용기와 밀당을 했다. 정리법을 설파하는 책들이 잊을 만하면 실천 방법을 재잘재잘 쏟아내지만, 물건의 밀당을 이해하려면 실질적인 응급조치 혹은 제1세계의 사소한 문제로 치부하는 것 이상이 필요하다. 욕구를 충족시키는 물건이 이미 충분한데도 계속 더 많은 것을 찾게 되는 이유는 뭘까?

마티스의 안락의자

이것은 단순히 생각을 자극하는 수사적인 질문이 아니다. 얼마나 많이 소비하고 싶어 하는지, 소유한 물건에 얼마나 애착을 느끼는지는 사람마다 실질적인 차이가 있게 마련이다. 업적이나 지위를 나타내는 지표로 물질적 상품을 중시하는 사람들은 자본주의 체제의 완벽한 보충재다. 자본주의 체제에서 이들은 결코 충족될 수 없는, 왕성한 욕구를 가진 구매자다. 이들이 없었다면 필시 오래전에 '생산 정점'에 이르렀을 것이다. 조지 몬비오는 이렇게 설명한다. "물질주의는 어쩔 수 없이 다른 이들의 소유물과 비교하게 만든다. …… 끝이 없다. 롤렉스시계가 네 개 있어도 다른 사람이 다섯 개를 갖고 있다면 롤렉스시계 하나가 부족하게 느껴진다." 이런 측면 때문에 연구자들은 '구제 불능의 물질주의[terminal materialism]'라는 별명을 붙였다.

하지만 물질주의적 구매가 전적으로 '뱁새가 황새 따라가는 식' 혹은 과시적 소비나 주변 사람들을 시기하는 데서 오는 압박감 때문만은 아니다. 소비자 연구원인 마샤 리친스Marsha Richins의 연구팀은 아주 물질주의적인 사람들이 과연 다른 사람들보다 소비 욕구가 훨씬 큰지 살펴봤다. 이런 사람들은 물건의 품질에 관심이 많거나 민감한 동시에 품질에 더 많이 의존하기도 했다. 리친스는 아마도 이러한 근본적인 차이 때문에 더 많은 물건을 욕망하게 될 거라고 설명한다. 물질주의적인 사람들은 소유물에서 더 많은 의미를 끄집어내거나, 그게 아니면 삶에 의미를 부여하는 물건에 의지한다. 칙센트미하이와 그의 동료 유진 록버그할턴 Eugene Rochberg-Halton이 《사물의 의미》에서 실증적 연구 결과를 밝혔듯이, 매우 물질주의적이면서 정서적으로는 냉랭한 가족이 의미, 가치, 자존감을 끌어낼 수 있는 친밀한 관계가 적은 것은 분명하다.

하지만 역설적이게도 물질주의적인 사람은 물건의 취득과 강하게 연결되어 있긴 하지만 물건에 깊은 애착을 갖거나 애착이 오랫동안 지속되지는 않는 것처럼 보인다. 이들의 투자는 대개 물건 취득에 초점이 맞춰져 있으며 오래 지속되지 않는다. 리친스와 그녀의 동료들은 "물질주의자들은 덜 물질주의적인 소비자보다 취득 후 부정적인 감정을 더 강하게 경험한다"는 사실을 알아냈다. 이런 현상은 조르주 페렉의 소설 《사물들》에도 잘 그려져 있다. 소설의 등장인물들이 열정적으로 모은 물건이 차츰 늘어나면서 물건들은 빛을 잃어간다. "집 안의 모든 것이 물건, 가구, 책, 접시, 종이, 빈 병 더미 아래에서 무너져 내리기 시작했다. 결코 이길 수 없는 소모전이 시작됐다."

물질주의적 문화는 갈수록 확산되어 호더(hoarder; 물건을 버리지 못하는 사람 - 옮긴이)들의 전유물이 아니라 일상생활에서 나타나는 익숙한 양식이 되었다. 페렉의 소설에 나오는 인물들처럼 많은 사람들이 사들인 물건들의 꼭대기 위에서 고군분투 중이다. 어떻게 하면

태평스러운 무심함이나 냉소적인 수용을 넘어 다르게 행동할 수 있을까? 이러한 사태에 어떻게 대처해야 할까?

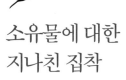

소유물에 대한
지나친 집착

수북하게 쌓인 물건을 치우는 것을 두고 흔히 '다운사이징', '청산'이라고 한다. 보통 단순한 삶과 미니멀리스트를 지향하는 사람들이 이런 실천을 하곤 한다. 이들은 정기적으로 대청소를 하는 사람부터 모든 소유물의 청산을 선택하는 사람까지 다양하다. 영국 예술가 마이클 랜디Michael Landy의 퍼포먼스는 후자의 극단적인 예다. 그는 문자 그대로 모든 소유물과 철저하고도 과격하게 결별했다.

랜디는 이 작업을 통해 더 단순하고 덜 물질주의적인 삶을 추구한 게 아니었다. 그는 2001년 아트 퍼포먼스 '브레이크 다운Break Down'을 "소비지상주의에 대한 고찰"이라고 칭했다. 이 퍼포먼스는 우선 소유한 물건 7,227개의 목록을 만든 다음 그 물건들을 파괴하는 방식으로 진행됐다. 랜디는 컨베이어 벨트에 물건을 계속 올려놓았다. 물건을 하나씩 분쇄하고 잘게 자르고 찢고, 뜯어내서 분리하

마티스의 안락의자

기 위해 특별히 고용된 작업자들이 컨베이어 벨트에 배치됐다. 랜디가 솜씨를 발휘해 만든 고급 재킷, 아버지가 입던 코트, 사적인 노트와 편지까지 모조리 폐기되었다. '브레이크 다운' 퍼포먼스에서 물건과 주인은 가장 적나라하고도 본능적인 방식으로, 냉정하게 헤어졌다. 무슨 일이 벌어지고 있는지 전혀 은폐하지 않았다. 안 입는 옷을 중고 가게에 찔끔찔끔 가져다주는 것도, 어린 친척들에게 장난감을 물려주는 것도 아니었다. 그저 참을성 있게, 체계적으로 질서 정연하게 파괴했다. 나는 유튜브로 퍼포먼스를 지켜보았는데, 충전재가 삐져나온 테디 베어의 모습이 마음속에 강하게 남았다.

　랜디는 이 프로젝트를 통해 소비지상주의에 질문을 던지면서 우리가 어쩌다가 이렇게 됐는지를 드러내 보이고자 했다. 그는 '브레이크 다운' 퍼포먼스를 시작하기 전에 미술사가 줄리안 스탈라브라스Julian Stallabrass와 인터뷰하며 이렇게 말했다. "이 퍼포먼스는 무엇이 소비지상주의를 우리 시대의 가장 강력한 이념으로 만들었는지 묻기 위한 시도입니다. 공격받는 만큼 미해결된 문제죠." 미술 평론가 서배스천 스미Sebastian Smee는 랜디의 "체계적인 숙청"을 "도취된 해방"으로 해석했다. 스미가 보기에 랜디의 물건 파괴는 평범한 소유물에 은밀하게 들러붙은 감상벽을 잘라내는 행위였다. 스미는 이렇게 평했다. "모든 물건의 목록을 만들고 관객 수만 명 앞에서 그것들을 가루로 만들어버리다니, 이 얼마나 멋지고 유쾌하고 극적인가."

스미는 랜디의 퍼포먼스에서 파괴에 기초한 아주 오래된 해방을 보았다. 전에 일어났던 일로부터의 해방, 과거의 나로부터의 해방인 것이다.

어찌 보면 이 같은 대규모 폐기는 거의 일반적인 현상이 되었다. 나 역시 교회나 자선 단체가 운영하는 중고 매장에 언제라도 기증할 준비가 되어 있다. 더 많이 소비하려면 언제라도 버릴 준비가 되어 있어야 한다. 소비자를 연구하는 학자들이 물건에 대한 '지속적 관여[enduring involvement]'라고 부르는 것을 한쪽으로 치워놓아야 한다. 이것은 어느 정도 의도적인 무시 혹은 결과에 대한 망각을 수반한다. 이에 대해 작가 앤드루 오헤이건 Andrew O'Hagan 은 《런던 리뷰 오브 북스[London Review of Books]》에 실은 에세이에서 통찰력 있게 다음과 같이 말했다. "우리 인간과 마찬가지로 물건들의 쓰레기 역시 흔적도 없이 사라진다는 사실을 믿어야 한다. 안 그러면 이 세계에서 아주 다르게 살아야 할 것이다. …… 수긍하기 어렵겠지만, 없다는 생각이 현재를 사는 데 위안이 된다. 아무것도 없어지지 않는다면 모든 게 쌓일 테니 말이다."

랜디의 파괴적인 퍼포먼스는 스스로에 대한 확언이었을까? 소유물에 대한 감상적인 집착으로부터의 탈출? 손으로 만질 수 있는 모든 물질을 파괴해서 물질주의에 대한 집착으로부터 해방됐을까? 랜디는 혼자서 퍼포먼스를 준비하고 이를 자세히 기록하는 데 3년을

마티스의 안락의자

보냈고, 소유물의 폐기를 합리화하는 데 꽤 많은 시간을 보냈다. 하지만 물건의 파괴로 인한 실존적 충격은 예상보다 더 깊었다. 9년 뒤 영국 일간 〈인디펜던트〉지와의 인터뷰에서 랜디는 예상치 못한 심리적·육체적 충격에 대해 이렇게 말했다. "전혀 모르는 사람 5만 명 앞에서 내 물건이 파괴되는 장면을 목도하는 건 기이한 일이었어요. 몇 년 동안 못 본 사람들도 왔죠. 마치 내가 내 장례식에 참석한 듯한 느낌이었어요. 나 자신의 죽음을 목격하고 있는 것 같은 생각에 사로잡혔습니다." 랜디의 말에 따르면 그의 인생은 소유물의 공개 숙청 이후 "커다란 마침표"를 찍게 되었다.

어마어마한 소장품과 여느 사람들과 다를 바 없는 본능을 폭로하는 데 성공했지만 그 퍼포먼스는 아무것도 남기지 않았다. 잃어버린 것들을 모조리 대체하기 위한 쇼핑으로는 결코 채워지지 않는 틈이 느껴졌다. 물질주의에 맞선 대규모 숙청 작업은 해방이라기보다 찰나의 카타르시스를 느낄 뿐인, 알 수 없는 비명에 더 가까워 보인다.

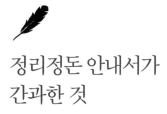

정리정돈 안내서가
간과한 것

그렇다면 소유물에 대한 감정에 주의해서 더 조심스럽게 버려야 할까? 수많은 정리정돈 안내서의 가장 중요한 목적은 순서와 합리적인 계획이다. 하지만 곤도 마리에의 베스트셀러 《인생이 빛나는 정리의 마법》과 후속편 《설레지 않으면 버려라》의 핵심은 바로 느낌이다. 곤도는 자신에게 "진정으로 귀중한" 것을 감정한 뒤 기쁨을 주지 않는 것은 버리라고 조언한다. 매력적이고 단순한 처방전이다. 곤도 마리에는 이렇게 주장한다. "나는 고객이 표현하는 것, 물건을 쥐는 방식, 물건을 만질 때의 눈빛, 결정을 내리는 데 걸리는 속도를 보면 알 수 있다. 좋아하는 것과 확신하지 못하는 것에 대한 반응은 뚜렷하게 차이가 난다." (내 경우엔 이 차이가 훨씬 덜 명확하다.)

곤도 마리에는 소유물을 처리하는, 머리를 거의 쓸 필요가 없는 단순한 행동을 설명하기 위해 기쁨이라는 감정을 사용한다. 곤도의

마티스의 안락의자

방법은 요즘처럼 물질적으로 풍요로운 시대에 부유한 국가에 사는 많은 팬들의 마음을 움직였다. 유명인에서 경제학자에 이르기까지 곤도 마리에의 팬 층은 다양하다. 그녀가 쓴 책은 전 세계에서 5백만 부 이상 날개 돋친 듯 팔려나갔다. 신속하고도 직관적인 대응의 '마법'은 망설임, 감상벽, 두려움에 빠져 너무 많은 소유물을 갖고 있는 사람들에게 자동차단기 역할을 한다. "기쁨을 불러일으키는 것"이라는 개념은 의식적인 노력이나 이유에 대한 부담 없이 물건을 없앨 수 있게 해준다. 물건을 처분하면서 느끼는 책임감 같은 것도 날려버린다. 이러한 정리는 출판인 수전 볼로틴Susan Bolotin이 〈월스트리트저널〉에서 설명한 바와 같이 "거의 상상 이상"인 신속성의 "마법"으로, 인생을 백지 상태에서 새로 출발하도록 바꾸고 이번에는 제대로 될 것이라고 약속한다. "일단 적절하게 소유할 물건을 고르는 법을 알기만 하면 자신의 공간에 꼭 들어맞는 양만 남기게 된다"고 곤도 마리에는 주장한다.

곤도 마리에는 정리정돈을 실천할 때 기억을 떠올려보라고 한다. 물건을 쥐면, 인간미 없는 광고 영상들이 점령한 시각적 세계에서 벗어나 촉각을 되살려 능동적으로 감정을 느끼게 된다. 정신분석가 크리스토퍼 볼라스Christopher Bollas는 이렇게 말한 바 있다. "정서나 감정에 대한 지각을 표현하기 위해 우리는 보통 '느낌'이라는 단어를 사용한다. 이것은 육체적 감각을 내포한다. 눈으로 시각적 세계를 보는 것과 마찬가지로 정서적 세계를 느낀다. 우리는 자신과 타인의 감정 상태를 지각한다." 물건을 손에 쥐는 행위는 주의를 집중시킨다. 잠재적으로 아는 것 이상으로 뭔가를 감지하게 만든다. 이에 대해 칙센트미하이와 록버그할턴은 이렇게 말한다. "지각은 어떤 것을 경험하고 그 안에 내재하는 고유한 특성을 깨달을 때 생긴다. 그것은 아주 평범한 물건일 수도 있다. …… 핵심은 그 물건이 관찰자에게 새로운 통찰력을 만들어내는 특정한 자질을 부여한다는 점이다."

물건을 하나하나 쥐어보고 그와 관련된 감정을 느껴보는 것은 곤도 마리에가 제안하는 방법의 핵심이다. 이 방법은 매우 효과적인 기법으로 소문이 자자하다. 하지만 맥락 없는 신속한 '기쁨'이 우리가 물건에 바라는 전부인가? 찰나의 단순하고 즉각적인 행복에 대한 평가로 충분한가? 작가 아델 채핀Adele Chapin은 곤도 마리에의 방법이 '물질주의적 욕구'에 깊고 단단하게 자리 잡고 있다는 사실을 알아냈다. 채핀이 "원래 있던 물건을 버리고 기쁨을 주는 물건을 더 많이 갖기를 끊임없이 바란" 것은 "물질주의적 욕구" 때문이었다. 이것은 18세기 프랑스 철학자 드니 디드로가 잠옷 위에 걸치는 화려하고 고급스러운 새빨간 가운을 선물 받았을 때 경험한 일과 유사하다. 이 선물은 디드로에게 즐거움, 곤도 마리에의 표현에 따르면 '기쁨'이라고도 할 수 있는 감정을 선사했다. 하지만 얼마 안 가 엉망이 되고 말았다. 디드로는 낡은 가운을 버렸지만 결국 집에 있는 가구와 책, 책꽂이, 심지어 의자까지 모든 것이 새 가운과 비교했을 때 낡고 추레해 보인다고 느꼈다. 채핀의 경우처럼 새 가운은 대체재를 찾는 과정을 촉발시켰다. 이에 대해 사회학자 줄리엣 쇼어 Juliet Schor는 에세이 〈디드로의 교훈: 슬금슬금 올라가는 욕망 멈추기〉에서 이렇게 말했다. "결국 디드로는 새로운 주변 환경의 세련된 격식 안에 불편하게 앉아 있는 자기 자신을 발견했다. 이 '오만한 새빨간 가운이 다른 모든 것도 어쩔 수 없이 그 우아한 분위기를 따르게 만든' 짓을 한탄하면서."

디드로의 경험은 물질적 업그레이드에 따른 부담스러운 잠재적 결과는 물론이고 그 과정에서 간과할 수도 있는 사실을 드러낸다. 바로 익숙한 물건들이 눈에 띄지 않게 기여를 한다는 사실이다. 마샤 리친스와 피터 블로흐 Peter Bloch가 30년 전에 내놓은 연구 결과에 따르면, 물건은 "시간이 지남에 따라 안정화"되는 "지속적 관여"에 기초한 경로부터 급격하게 줄어들기 쉬운 "상황적 관여"만 이뤄지는 경로에 이르기까지 다양한 소유 경로를 거치게 된다. 새롭고 당장 필요한 물건은 단기간 관심을 끌고 기쁨을 주지만 점차 도움이 되는 측면이 사라져간다. 느낌은 본래 찰나적이다.

이 '기쁨'이라는 것을 더 깊이, 더 비판적으로 고찰해보자. 곤도 마리에의 고객들 가운데 한 명은 "호텔 스위트룸만큼 깔끔한" 집을 갖고 싶어 했다. 하지만 이런 소망은 《슬레이트》의 작가 로라 밀러

Laura Miller가 지적했듯이 "림보처럼 기이하게 영속되는, 특색 없는 어느 광고 속 존재"에 대한 바람이다. 세심하게 관리되고 세월이 흘러도 변치 않는 공간에 대한 환상 속에서는 시간의 흐름에 따른 인생사 전부가 시야에서 사라진다. 이것이 과잉으로 인한 혼란 상태에서 벗어나는 데 필요한 요소라면 우리는 어떤 유형의 사람들인가? 곤도 마리에가 말한 일명 '곤마리 정리법'은 매우 효과적이다. 하지만 불확실하지만 장기적인 가치인 단순하고 고정적인 행복을 추구하는 과정에서 꼭 있어야 하는 것, 즉 고유한 힘과 능력을 포기하는 방법이라는 생각이 든다. 가치 있고 충만한 인생은 분명 이보다 더 복잡할 테고, 물건은 삶 안에서 더 복합적이고 조심스럽게 역할을 수행할 수 있다. 잘 작동하는 뭔가를 사용하거나 아름다움에 둘러싸여 있는 데서 오는 기쁨이 분명 있을 테지만, 곤도 마리에의 처방은 인생의 복잡한 특징과 광범위한 감정의 범위를 실제보다 축소시킨다. 인생은 기쁨에서 기억 속 달콤 쌉싸름한 상실감으로, 미래에 대한 희망으로 이리저리 흔들리게 마련이다.

인생의 나머지 부분에서 분리되어 '기쁨'처럼 마음 편한 감정을 추구하는 것은 문제가 많은 사물과의 관계, 물질주의적 충동의 핵심일 수 있다. 과소비 중독 현상을 다룬 《부자병》의 저자이자 사회평론가인 클라이브 해밀턴Clive Hamilton과 리처드 데니스Richard Denniss가 말했듯이 문제는 소비 그 자체가 아니다. 문제는 소비에 대한 **애착,**

마티스의 안락의자

희망을 쏟는 방식, 구입하고 소유한 물건에 내재된 목적과 자아감이다. 즉 잘못된 이유로 소비하는 데 문제가 있는 것이다. 미국 교수 제임스 트위첼James Twitchell은 더 분명하고 솔직하게 말했다. "현대 사회에서는 돈을 벌고 쓰는 일이 가장 열정적이고 창의적인 노력이 되었다." 물질주의적인 소비자 문화는 단순히 삶의 방식이 아니라 많은 이들에게 '삶의 이유'가 되었다.

해밀턴과 데니스가 주장하듯이 우리가 그동안 '잘못된' 방식으로 소비해왔다거나, 트위첼의 말마따나 창조적인 에너지를 쇼핑몰에 쏟아부었다는 사실을 인정한다면, 사물과 함께 하는 상상력 넘치는 대안적 삶은 어떤 모습일까? 바로 앙리 마티스가 전쟁 통에 했던 쇼핑이 하나의 사례가 될 수 있다.

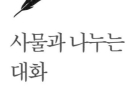

사물과 나누는
대화

마티스는 죽음을 피하려고 의자 하나를 더 산 게 아니다. 그는 "영원한 하인(T. S. 엘리엇의 시에서 따온 표현 – 옮긴이)"이 뒤에 바짝 붙어서 따라오고 있다는 사실을 알았다. "급속도로 변하는 나 자신을 지켜본다. 머리카락과 턱수염이 점점 하얗게 세고, 이목구비는 더 수척해지고, 목도 갈수록 앙상해진다." 이 글을 쓰고 나서 얼마 안 돼 암 진단을 받고 수술을 했지만 심각한 감염으로 인해 폐색전을 앓았다. 마티스의 전기 작가 힐러리 스펄링 Hilary Spurling도 언급했듯이 마티스는 현실주의자였다. 그는 "눈 감은 뒤에 무덤으로 가면 아무 소용없다"는 말을 즐겨 했다. 마티스는 신체 기능의 감퇴에서 도망칠 방법이 전혀 없다는 것을 잘 알면서도 의사들에게 "작품을 마무리 짓도록" 3년만 시간을 연장해달라고 했다. 그는 덤으로 얻은 이 시간을 두 번째 인생이라 불렀고, 늘 그렇듯이 그 중심에는 작품이 있었다.

마티스의 안락의자

마티스는 무無에서 창조하지 않았다. 학창 시절 노점에서 싸게 구입한, 자수가 놓인 '품위 있는 낡은 옷'부터 70대에 어느 골동품 가게에서 산 의자 한두 개까지 평생 모은 충직한 물건들이 필요했다. 평생에 걸친 예술 작업에서 물건들은 저마다 역할이 있었다. 물건들은 인간 모델과 동등한 행위자였다. 작가 마리프랑스 부아예는 이렇게 서술했다. "익숙한 물건들과의 끊임없는 대화 속에서 …… 물건들은 떨쳐낼 수 없는 욕구를 대변했다. 물건 없이는 그림을 그릴 수가 없었다." 이런 물건들을 가지고 마티스는 고유한 본능과 감성, 느낌에 따라 마음껏 창작 활동을 펼쳤다.

마티스가 시간이 지나면서 소장품을 늘려간 데 반해 디드로는 자신의 것만이 아닌 열망을 담아 소유물을 업그레이드했다. 직공의 후손인 디드로는 강렬한 심미적 경향을 발달시켰고, 여전히 가난한 학생이었지만 자수 조각과 태피스트리를 수집하기 시작했다. 스펄링은 디드로가 "전략적 동맹"으로 예술에 직물을 사용했다고 설명한다. "그는 그림에서 장식적이고 비자연주의적인 요소를 완강히 지켜냈다. 가끔씩 맛보는 사치, 즉 오래전 직공들이 내린 정의에 따르면 '모든 이들이 쉽게 다다를 수 있는, 부富보다 더 귀중한 어떤 것'을 개인적인 미학 체계의 핵심 개념으로 만들었다."

마티스가 물건들을 어떤 식으로 골랐는지는 알 수 없다. 아마 자연스럽게 반응했을 것이다. 버스를 타고 가다가 쇼윈도에서 천 조각을 봤을 때처럼. 하지만 물건들이 응당 해야 하는 모든 것을 즉각 해주리라고 기대하지는 않았다. 그는 가장 좋아한 은제 커피주전자로 그랬듯이 여러 정물화에서 습관적으로 물건들을 두거나 배치를 바꾸는 노력을 지속적으로 기울였다. 1947년에 쓴 에세이에서 강조했듯이 물건에 대한 지속적인 관심은 마티스에게 중요했다. "직접 고르고 관심을 집중한 물건을 앞에 둔 예술가의 심오한 감정, 자신을 관통하는 기분"의 중요성에 관한 에세이였다. 작가 리베카 솔닛이 예술가의 역할에 대해 설명한 것처럼 "무언의 물질적 세계가 활기를 띠게" 하려면 변덕스러운 기대보다는 지속적인 의식이라는 노력과 수고가 필요하다. 관심을 기울이려는 마티스의 노력은 40년 넘게 이어졌다.

크리스펀 사트웰이 서술한 대로 마티스는 새로운 물건을 추가함으로써 간간이 지각의 생기를 되찾았다. 마티스는 아름다운 로카이유 장식 의자를 갖고 싶어 했는데, 여러모로 그 의자가 필요하기도 했다. 하지만 그 의자가 건강 문제를 해결해주리라고 생각한 적은 한 번도 없었다. 죽음을 목전에 둔 상태에서 단순히 기분 전환을 하기 위한 것도 결코 아니었다. 그는 필생의 역작, 즉 곁에 둔 물건들처럼 일관되고 변함없는 작품을 탄생시킬 영감을 발견했다. 로카이유 의자의 독특한 장식은 캔버스 위로 옮겨졌다. 1946년 작 '로카이유 장식의 안락의자'에서는 진황색과 황록색으로 표현해냈고, 같은

마티스의 안락의자

해의 작품 '노랑과 파랑의 실내'에서는 붓으로 검은색 외곽선을 그려 넣었다. 마티스는 일시적인 황홀감을 좋지 않았다. 그가 추구한 것은 '심오한 감정'을 느끼게 하는, 새로운 형태와 빛, 센세이션을 창조해내는 뮤즈였다.

마티스는 특정한 흥미와 관심사를 지닌 한 사람의 예술가였지만, 그의 사례는 물건에 대한 오랜 애착에 숨겨진, 결코 눈에 보이지 않는 보상을 통찰하게 해준다. 리베카 솔닛은 이와 관련해 유용하고도 필수적인 구분을 해놓았다. **"물질주의자**라고 하면 보통 부나 지위를 쌓을 목적으로 갈망하고, 비축하고, 수집하고, 모으는 데 전념하는 사람을 의미한다. 그런데 다른 유형의 물질주의가 존재할 수 있다. 그저 물질적인 것에서, 은銀뿐만 아니라 물의 반짝임에서, 다이아몬드뿐만 아니라 이슬의 영롱함에서도 크나큰 기쁨을 느끼는 것이다." 상황과 물질주의 사이에는 어떤 연관성이 있다. 하지만 일방향일 필요는 없다. 마티스의 사례에서 볼 수 있듯이 사물을 발견하고 깊은 애착을 느끼는 것, 그것을 돌보고 진가를 알아보는 일이 가능하다. 파괴적인 물질주의에 가담하거나 변화를 위해 임시 수단으로 물건을 사용하지 않고도 말이다. 이 경우에는 물건이 기대를 충족하지 못할 조짐이 보이면 즉시 버리는 것으로 귀결될 뿐이다. 소비자 문화와 물질주의 문제를 무비판적으로 모든 소유물에 확대하면 자기 자신과 물건에 몹쓸 짓을 하게 된다. 우리에게는 물건에 없는 게 있다. 바로 물건이 기능할 수 있는 우리의 삶, 희망, 목표, 역할에 대해 솔직하게 생각하고, 느끼고, 숙고하는 능력이다. 내가 보기에 이것은 단순히 기쁨을 얻기 위해 물건을 줄이거나 부술 게 아니라, 인생에 대해 전체적으로 이야기해주는 물건에 사려 깊은 관심을 쏟는 노력을 기울인다는 뜻이다.

마티스의 안락의자

에드워디언 스타일의 옷장

The Edwardian Wardrobe

옷장이라는 말에 무덤덤한 독신의 언어 몽상가가 있을까?

_가스통 바슐라르, 《공간의 시학》

이삿짐 앞에서

"40세제곱미터." 이삿짐 운송업자의 말에 따르면 그랬다. 부부와 어린 자녀 둘로 구성된 핵가족이 이사를 가려면 대형 트럭 한 대, 성인 남성 몇 사람, 그리고 많은 시간이 필요했다. 온갖 짐을 차에 실어 1킬로미터 남짓 되는 거리를 간 뒤 새 집에 짐을 풀고 정리하려면 말이다.

40. 어마어마하게 들리는 숫자다. 나 혼자서 해마다 1세제곱미터씩, 우리 가족이 저마다 10세제곱미터씩. '10', 그래, 한결 나은 것 같다. 어쩌면, 거의 적당하다. '40'만큼 그렇게 충격적이지는 않다. 경험 많은 이삿짐 운송업자는 우리 가족의 짐이 평균 이사 견적보다 5세제곱미터나 적다며 나를 안심시켰다. 결과적으로 보면 태어나서부터 **모든 것**을 보관하는 호더들에 비하면 새 발의 피였다. 보통 호더 한 사람이 최대 90~100세제곱미터를 쌓아둔다. 하지만 나도 비난을 피하지는 못했다. 직업적 솔직함으로 이삿짐 운송업자가 이렇게 말했기 때문이다. "**그런데 책이 정말 많네요.**"

에드워디언 스타일의 옷장

이미 싸놓은 책만 봐도 이번 이사가 물건과 관련된 티핑 포인트 tipping point, 즉 한계점이라는 것을 알 수 있었다. 너무 많다는 기분이 들면서 책임감에 숨이 턱 막혔다. 대다수 물건은 짐을 싸고 풀기 위해 애쓸 가치도 없었다. 이사는 대개 소유물에 대한 애착을 시험하는 계기다. 과연 짐을 싸고, 들어 올리고, 다음 집으로 옮길(아니면 그렇게 하도록 사람을 쓸) 정도로 중요한가?

40세제곱미터. 속이 텅 빈 루빅큐브 같은 공간을 상상하면서 머릿속으로 그 숫자를 이리저리 굴려보았다. 그러고는 그 공간에 살림살이를 채우기 시작했다. 매일 둘러앉는 식탁과 거기에 딸린 의자들, 필수적인 업무용 책상 네 개, 기능적인 백색 가전제품들, 키가 큰 책장 네 개. 테트리스가 따로 없었다. 직사각형들과 정육면체들이 머릿속에서 깔끔하게 정돈되었다. 슈퍼마켓에 갈 때마다 공들여 모은 와인 박스에 이미 싸 둔, 100개가 넘는 책 상자들처럼.

이런 물건들은 큰 문제가 아니었다. 고요하고 지적인 짐 싸기를 방해한 것은 허접스러운 물건들이었다. 예컨대 플라스틱 크리스마스트리가 상자에서 삐져나와 있었다. 이 트리의 가지들이 오그라들기를 거부하면서 이상적인 정리 계획을 망쳐놓았다. '만약을 대비해' 모아둔 서류 뭉치들도 마찬가지였다. 최대의 도전 과제는 어릴 때 갖고 놀던 장난감들 같았다. 분명히 이대로 두었다가는 부모와 조부모의 사랑으로 빛나는 원색의 상자들이 층층이 쌓일 터였다(아마 미래의 고고학자들은 우리의 문명이 플라스틱 블록으로 이뤄졌으며 플라스틱 조랑말을 숭배했다고 추정할 것이다). 이런 생각을 하다 보니 슬슬 겁이 났다. 이사 날짜가 다가오자 나는 집 안을 이리저리 거닐며 서랍과 벽장 안을 들여다보았다. 그리고 그때껏 머릿속으로 소재를 확인하지 못한, 아니 인정해야겠다, 존재하는지조차 까맣게 잊었던 물건들을 얼마나 많이 갖고 있었는지 깨달았다. 처리해야 하지만 무척 다루기 힘든 물건들이 아직도 남아 있었다. 나는 그런 물건들을 '쓰레기'라고 부르면서 끝장 내버리고 싶었다. 하지만 그런 전면적인 폐기는 물건들이 그동안 나에게 해준 것, 그리고 내가 그 물건들을 위해 해준 것을 망각한, 솔직하지 못하고 게으른 일반화일 수 있었다.

중요한 건 그 자리를 박차고 일어나 훌쩍 떠나고 싶었다는 것이다. 현관문을 쾅 닫고서 모든 것과 인연을 끊는 것이다. 그렇게 하면 정신적 수고를 덜고 시간을 잡아먹는 부담에서 풀려날 테니까. 가을에 나무들이 이파리를 떨구듯이 단호하게 모든 것을 버릴 수 있으면 좋으련만. 하지만 나는 나무가 아니고, 더구나 물건들은 나뭇잎처럼 분해되거나 먼지가 되어 사라지지도 않을 터였다. 딸의 침대 밑에 널려 있는 플라스틱 조랑말들을 쳐다보며 이런 생각을 하다가, 내가 어린 시절 갖고 놀던 연분홍 갈기의 파란색 조랑말을 발견했다. 그 조랑말이 오래간다면 그것 또한 내 책임이다. 끝까지 정성을 쏟고, 분류하고, 가려내고, 이른바 '신중하게 고려한 뒤 버리기' 위해 판단을 내릴 책임 말이다.

하지만 가장 중요한 걸 맨 먼저 해야 하는 법. 이런 책임감은 잠시 미뤄두고 결정을 내려야만 했다. '어떤 걸 가져가지?' 나는 한 손에 비닐봉지를 들고 집 안을 돌아다니면서 남에게 줘버리거나 학교 바자회에 내거나 동네 중고 가게에 가져갈 만한 물건들을 찾아 바닥과 벽을 훑어봤다. 침실에 이르렀을 때 후보 하나가 눈에 들어왔다. 에드워디언(에드워드 7세 시대, 영국의 빅토리아 여왕 시대를 뒤이은 시대로 19세기 말에서 20세기 초까지의 전환기를 일컫는다. – 옮긴이) 스타일의 옷장! 짐 무게를 한 방에 줄일 수 있는 기회였다.

누가 봐도
확실한 후보

나의 에드워디언 소나무 옷장은 윤기가 자르르 흐르는 목재에 장식 판자가 덧대어져 있고, 가운데 문에는 거울이 달려 있다. 우리는 오랜 친구로 세월을 함께 보냈다. 옷장은 거의 20년 전, 내가 성년이 되어 일을 시작하고서 처음 구입한 물건이었다. 나는 525달러(약 43만 원)를 지불했다. 지금도 가격을 기억하는 이유는 옷장을 판매한 골동품 가게에서 쓴 수기로 된 깔끔한 가격표를 아직도 보관하고 있기 때문이다. 나는 가구에 그렇게 큰돈을 쓴 적이 없었고, 분명 앞으로도 그럴 일은 없을 것이다.

기본적인 직사각형 상자 형태라서 중후한 느낌이다. 높이가 180센티미터가 넘고, 아래쪽에는 황동 손잡이가 달린 속이 깊은 서랍이 있다. 나는 (비밀이라도 되는 양) 그 서랍을 늘 담요 서랍이라고 불렀지만 실은 신발을 보관했다. 양쪽 문에는 요즘 시대와 스타일에 맞춘 듯하면서도 절제된 조각이 새겨져 있다. 위쪽 가장자리를 따라

에드워디언 스타일의 옷장

서는 매우 화려한 장식 조각이 붙어 있다. 전혀 안 어울리는 이 장식은 아마도 사이드보드(작은 탁자) 같은 다른 가구에 있던 것으로 보인다. 사실 원래 디자인이 그런 게 아니라 아마추어 복원전문가의 기발한 독창성 덕분에 왕관처럼 그 장식을 둘러쓰고 있는 것이다. 하지만 웬일인지 나는 그게 신경 쓰이지 않았다.

솔직히 말해서 이 모방작은 빛바랜 위엄이라 할 수 있는 고풍스러운 매력을 조금 지녔고, 다른 시절을 떠올리게 한다. 예전에 살던 시골에 있던, 1950년대에 지은 깔끔한 벽돌 공동주택 느낌도 났고, 금방이라도 무너질 듯한 바닷가 여관 같은 것도 생각났다. 이런 느낌이 실재한 과거가 아니라 이상화된 상상이라는 것을 잘 안다. 이 옷장을 산 이유는 옷을 걸고 보관하기 위한 실제적인 필요성보다는 낭만적인 추억을 환기시킨다는 점 때문이었다. 당시에는 이런 생각만 하느라 기능적인 면은 중요하게 생각하지 않았다.

그런데 옷장의 소박하면서도 강렬한 겉모습은 아름다운 거짓말이었다. 거울 때문에 눈속임이 가능하지만 문을 열면 이내 환상이 깨지고 만다. 거울 달린 문 뒤편에 다른 세계는 없다. 겨울 코트 뒤에 숨겨진 눈 덮인 숲 같은 건 전혀 없다. 오히려 소박한 정원의 창고 혹은 차茶 상자 같다. 게다가 작다. 과거로 거슬러 올라가는 타디스(Tardis; 영국 드라마 닥터 후Doctor Who에 나오는 타임머신 – 옮긴이)처럼. 옷장 안은 감옥처럼 어둡고 무척 협소하다.

옷장 안에는 실용적이지만 변색된 황동 걸이가 몇 개 있다. 얼마 안 되는 황동 걸이를 보고 있으면 과거에는 사람들이 얼마나 옷을 적게 갖고 있었을까 생각하게 된다. 미국의 경제 전문지 〈포브스〉에 글을 기고하는 에마 존슨Emma Johnson은 이렇게 말했다. "1930년대 여성들은 평균적으로 아홉 벌의 옷을 가지고 있었다. 오늘날에는 서른 벌이다. 한 달 동안 매일 한 벌씩 입을 수 있는 양이다."《과소유 증후군》의 저자 제임스 월먼에 따르면 영국도 상황이 비슷하다. 여성들은 평균적으로 매년 쉰아홉 벌의 옷을 구입한다고 한다.

오래된 옷장은 이렇게 많은 옷을 감당할 수 없다. 내 옷만으로 두 터져나갈 지경이다. 그래도 한때는 부부, 어쩌면 한 가족 전체가 쓰고도 남았을 것이다. 옷장은 오늘날 커피 한 잔 값도 안 되는 싸구려 티셔츠처럼 마구 쏟아져 나오는 저렴한 체인점 의류용으로 만들어진 게 아니다.

어느 때인가 옷장을 20세기 말에 맞게끔 만들 방법을 찾던 누군가가 중앙에 옷걸이를 추가로 달았다(이것 역시 오래된 빗자루의 나무 손잡이 같은 것을 활용해서 알뜰하게 작업했다). 옷을 걸 자리를 더 만든 건 실용적인 해결책이었다. 하지만 공간이 바듯했다. 옷장 문을 닫으려면 옷을 45도 각도로 건 뒤 겨우겨우 밀어 넣어야 했다. 그러다 보니 중간 문 경첩이 헐거워졌고 황동 문손잡이도 떨어져나갔다. 완벽한과는 거리가 멀어졌다.

가장 명백한 결점 - 구입 당시엔 아예 고려하지도 않았던 것 - 은 크기였다. 심하게 무겁지는 않아도 다루기가 힘들었다. 옮기려면 두 사람이 필요했고, 급할 땐 바닥에 대고 밀어야 했다. 내가 더 분별 있고, 더 실용적이며, 덜 감정적이었다면 진즉에 버렸을 것이다. 이사 비용을 따져보면, 내가 아주 즐겨 신었을 (그리고 닳았을) 제대로 된 부츠를 몇 켤레는 족히 사고도 남았을 것이다.

하지만 그러지 않았다. 실은 대부분의 시간 동안 결점들을 알아차리지도 못했다. 왜 그랬을까?

대개 소유물들이 그렇듯이 거대한 부피에도 불구하고 옷장은 익숙한 가정생활에서 눈에 보이지 않는 배경의 일부였다. 사회학자 토니 키론Tony Kearon과 리베카 리치Rebecca Leach는 도둑이 든 경험을 분석하면서 눈에 보이지 않는 사물의 특성을 '위안 습성'이라고 했다. 일상적인 익숙한 환경 속에서 소유물은 '물건다움'을 잃는다. 우리와 분리된 존재이고, 성질이 다르다는 특성을 잃어버리는 것이다. 뜻밖에도 물건의 존재는 친밀한 공간 안에서 익숙함을 통해 우리 자신으로 연장된다.

하지만 눈에 보이지 않는 이런 성질은 영원하지 않다. 물리적인 장소나 관계를 건드리는 변화가 일어나면 다시 물건다움으로 돌아갈 가능성이 생기고, 그로 인해 재평가와 분리, 대체, 처분의 이유가 발생한다.

열한 번 이사하는 동안 옷장은 살아남았다. 내가 성장한 집에서 방갈로(단층집)로, (계단이 있는) 아파트 세 번, 교외 단독주택 네 번, 그리고 공동주택까지. 이사할 때마다 어떤 물건들은 미해결 문제로 남아 있었고, 그런 물건들의 미래는 모두에게 열려 있었다. 이번 이사도 다르지 않았다. 옷장을 계속 갖고 있겠다는 생각에 또다시 의문이 제기되었다. 다만 이번에는 의심을 하는 당사자가 바로 나였다. 제거하는 쪽으로 저울이 기울고 있었다. 노인학자 데이비드 에커트 David Ekerdt의 말마따나 옷장은 몰아내기 후보가 되었다. 하지만 **그저** 후보일 뿐이었다.

에드워디언 스타일의 옷장

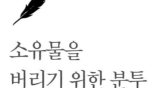

소유물을
버리기 위한 분투

19세기 사회주의자이자 예술가, 건축가였던 윌리엄 모리스William Morris는 "소유물에 대한 모든 보살핌은 문제를 안겨줄 게 뻔하다"는 글을 남겼다. 모리스는 폭넓은 예술의 문화적 목적에 관한 글을 쓰면서 익숙하지만 거의 알려지지 않은 감정, 즉 소유물에는 노력이 필요하다는 점을 토로했다. 깨끗이 닦고 지키고 보관하는 등 물건을 돌보는 모든 방법에는 노력이 든다. 대체로 건강할 때는 일상적이고 반복적인 돌봄에 지속적인 에너지 정도만 있으면 된다. 하지만 나이가 들거나 한 사람이 집안일을 더 많이 책임져야 하는 경우에는 물건을 유지하는 것이 소모와 낭비가 될 수 있다. 또 물건은 추레해지거나 닳거나 부서질 듯 말 듯 하면서 그 자체로 나이 듦을 보여주기 시작할 수도 있다. 역사지리학자 데이비드 로웬탈David Lowenthal은 《과거는 낯선 나라다》에서 이렇게 서술했다. "늙어가는 것은 닳아빠진 의자다. …… 축 처진 처마, 벗겨진 페인트칠, 시간과 손때가 묻어 빛바랜 가구들이 있는 집이다."

예술가 버네사 벨Vanessa Bell은 죽기 전 해에 딸 앤젤리카에게 쓴 편지에서 이런 부담에 대해 설명했다. "집 안에 있는 모든 것이 그저 다 허물어져가고 있어." 1960년 3월에 보낸 이 편지에서 벨은 말했다. "그런 게 꽤나 신경을 건드린단다. …… 의자들은 하루 이틀 새 주저앉기 직전이야. …… 나는 유령들의 존재를 알아가는 중이고."

우리가 변하고, 소유물의 가치 역시 너무나 자주 변하면서, 관점의 변화에 따라 물건을 갖고 있으려고 기꺼이 수고를 감내하려는 마음도 변한다.

하지만 가치가 줄어든 물건을 버리는 것은 차치하고라도 단순히 물건을 저울질하는 게 물건의 가치를 가늠하는 일을 실제로 완수했다는 뜻은 아니다. 사람들은 대개 숙고 없이 최종 선택을 한 뒤 그냥 줘버리거나 팔려고 한다. 누군가에게 물건을 주는 것은 이중적인 이득이 있다. 우리처럼 그 물건을 가치 있게 여기는 사람을 찾게 되면 책임을 넘겨줌과 동시에 그 물건의 생명을 구하게 된다. 팔아버린다는 것은 매몰비용을 어느 정도 건질 수 있다는 의미다. 이를 통해 물건의 상실과 관련해 기분이 좀 나아질 수 있다. 물건의 성격이 바뀌기도 한다. 즉 개인적인 물건이 판매 가능한 상품이 되는 것이다. 버리기는 일반적으로 최후에 하는 행동이다.

나는 옷장을 두고 세 가지 선택지를 모두 고려했다. 그래, 어머니에게 넘길 수도 있었다. 어머니는 붙박이장이 없으니 손님용 침실에 둘 여분의 보관 장소로 유용할 것이다. 옷장은 어머니의 골동품들 사이에서 편하게 지낼 터였다. 어머니는 당장 이사 계획도 없었다. 내가 고민하자 어머니가 먼저 가져가겠다고 제안하기도 했다. 하지만 그건 나를 배려해서 한 말이었다. 어머니에게 옷장을 넘기는 것은 책임 전가와 마찬가지로 지나친 감이 있었다. 물건들을 다 들어내고 처분하느라 바쁜 어머니에게 부담을 가중시키는 일이었다. 어머니는 이미 다른 이들의 가구에 둘러싸여 있었다. 다른 사람들한테서 받은 물건들을 관리해야 하는 것이다.

물론 돈을 내고 옷장을 보관할 수도 있었다. 하지만 언제까지? 유료 창고는 단기간 문제를 해결해주겠지만 다른 데 사용할 수도 있는 돈을 계속 써야 할 터였다. 망설임의 대가를 치르는 셈이었다.

나는 창고 대신 점점 줄고 있는 근방의 골동품 및 중고품 중개인들에게 전화를 돌렸다. 한때 고풍스러운 검정색과 금색 글자가 스텐실로 찍힌 가게들이 모여 번성하던 거리가 이제는 개발로 인해 옛 모습을 잃어가고 있었다. 연락을 한 중개인 가운데 딱 한 사람이 다시 전화를 걸어 와 내 생각이 사실임을 확인해주었다. 내 옷장은 틀렸다는 것이다. 저렴하고 새로운 조립식 가구가 아니면 이제 아무도 원하지 않는다고 했다. 지난 20년 동안 사물의 세계는 달라졌다.

옷장은 재판매 가치가 전혀 없었다. 원금을 회수할 가능성은 제로였다. 경제학자들이 말한 '매몰비용'이었다. 거의 20년 전에 그 돈을 썼고, 옷장은 해마다 30달러(약 2만 5,000원)가 안 되는 가치로 충분히 제값을 했다. 이렇게 생각하면 기분이 나아져야 할 텐데 그렇지 않았다. 심리학자 배리 슈워츠가 풍요로운 문화의 부정적인 측면을 탐구한 저서 《점심메뉴 고르기도 어려운 사람들》에서 설명하듯이 이는 "우리가 손해를 아주 싫어하기" 때문이다. 특히 끊임없이 손실을 상기시키면서 계속 신경쓰이는 손해를 매우 싫어한다. 하지만 내가 느낀 감정은 그 이상인 듯 했다.

옷장을 부분 부분 나눠 팔거나 나만큼 옷장을 좋아할 얼치기를 찾는 것 외에 - 이 두 가지 선택지는 시간이 걸릴 텐데 나는 시간이 없었다 - 자선 단체에 그냥 기부할 수도 있었다. 내가 시간이 될 때 누군가가 와서 가져가기만 하면 되는 것이다. 아니면 시市에서 대형 쓰레기를 무료로 수거해 가도록 길가에 옷장을 내놓을 수도 있었다. 하지만 그 어느 것도 할 용기가 없었다. 그렇다면 어떻게 해야 할까?

에드워디언 스타일의 옷장

쓸모 있거나
아름답거나

물건에 관해 여러 가지 생각을 하게 만
드는 윌리엄 모리스로 다시 돌아가 보자. 오늘날 윌리엄 모리스는
화려한 벽지와 타일 디자인으로 매우 유명하다. 하지만 19세기 말
'예술에 대한 희망과 두려움'이라는 대중 강연을 할 때 모리스의 마
음속에는 그보다 훨씬 큰 캔버스가 있었다. 1880년 버밍엄미술협
회·디자인학회에서 했던 인생의 아름다움에 관한 연설에서 모리스
는 다양하고 광범위한 주제를 다루었다. 노동 계급이 만족스러운 일
을 하는 것의 중요성, 모든 사람에 대한 교육의 필요성, 목청을 높이
는 광고에 대한 격분, 석탄을 태우는 기업가들을 규제하는 연기법
[Smoke Act] 시행을 위해 사람들을 단결시키는 것까지. 기업가들은 연
기법을 계속해서 어기거나 무시했다. ("이 신사들, 대다수가 그림을 구입
하고 예술에 마음을 쓰겠다고 공언한 이 신사들이 대량의 석탄을 태웁니다.")
모리스의 연설을 관통하는 중심 주제는 문명에 깃든 아름다움의 중요성, 그리고 이러한 아름다움이 산업, 서두름, 지위, 불필요한 사치의 추구 때문에 얼마나 손상되기 쉬운가 하는 것이었다. 모리스는 집을 짓는 건축업자들이 다음과 같이 생각하기 쉽다고 주장했다.

사람들은 사물 자체보다는 겉치레를 원한다. 부자가 아니라면 저급한 사치스러움을 보여주기를, 부자라면 모욕적인 우둔함을 내보이기를 원한다. 대체로 실제보다 두 배는 비싸게 보이는 물건을 갖고 싶어 한다는 것은 꽤 분명하다.

모리스는 한편으로는 이렇듯 최소의 비용으로 높은 지위를 추구하는 출세주의, 다른 한편으로는 기업들의 사리 추구가 근본적인 변화를 원하는 개혁자들을 위협한다고 믿었다. 모리스의 충고는 더 작은 개인적 차원에서 시작되었다. 그는 집에서 시작하는 단순함을 옹호했다.

모리스의 '황금률'은 간단했다(내 상상 속에서 그는 청중에게 명령하듯 고함치고 있다). "HAVE NOTHING IN YOUR HOUSES, WHICH YOU DO NOT KNOW TO BE USEFUL OR BELIEVE TO BE BEAUTIFUL(집 안에 아무것도 두지 마십시오. 쓸모 있는지 혹은 아름다운지 알 수 없는 것은)." 모리스는 내용을 강조하기 위해 대문자를 썼다. 모리스는 집이 어떻게 보이고 어떤 식으로 작동하는지,

에드워디언 스타일의 옷장

불필요한 것을 다 들어내고 얼마나 단순해질 수 있는지 그 중요성에 대해 생각해보기를 바랐다. 그는 심리학자 배리 슈워츠가 설명한 개념인 그냥 "찍는 자[picker]"보다는 의도적 "선택자[chooser]"가 되기를 바랐다. "찍는 자"는 급하게 "이것저것 잡고서 그것이 최선이기를 바라는" 사람이다.

모리스는 오늘날 물질적으로 풍요로운 서구 국가들을 대상으로 글을 쓰지는 않았다. 하지만 그의 생각은 어쩌면 지금 더 유의미할 수 있다. 모리스의 경험법칙은 현대의 디자이너들과 정리자들이 하나같이 널리 인용하고 있다. 직관적이고 상식적인 매력이 있으며 행동을 요구하는 원칙이다. 지위에 대한 열망과 다른 사람에 대한 기대를 단번에 뚫고 나아간다. 모리스의 황금률은 마음에 새기기 쉬운 금언이다. 언젠가 나는 아이 때문에 집과 머릿속이 어수선해서 우울하다고 동료에게 하소연한 적이 있었다. 티끌 하나 없는 사무실에서 일하는 그 동료는 모리스의 조언으로 명쾌한 답을 들려줬고 나는 나중에 써먹으려고 그 말을 뇌에 단단히 새겨두었다.

모리스는 철두철미한 사람이었다. 19세기 후반 거실에 필요한 구성 요소들을 목록으로 만들 정도였다. "책이 아주 많이 꽂힌" 책장 하나, 움직일 수 있는 의자들, 긴 의자 하나, 서랍이 있는 벽장 하나, 꽃이 꽂힌 화병 한두 개, 그림이나 판화 같은 "진짜 미술품" 혹은 그럴 형편이 안 된다면 벽지나 장식용 벽걸이. "벽은 아름답고 마음이 편안해지는 문양 덕분에 틀림없이 그 자체로 장식이 된다". 필수품 가운데 책장과 의자, 꽃은 있었지만, 안타깝게도 모리스는 침실과 옷장에 대해서는 언급하지 않았다.

이사하기 일주일 전, 고상한 분위기를 풍기는 멜버른의 어느 찻집에 앉아 있던 나는 모리스가 디자인한 녹색 소용돌이 문양 벽지에 둘러싸여 있었다. 사방의 벽이 검정 목조부[woodwork]로 강조된 아칸서스 잎으로 뒤덮여 있었다. 눈이 쉴 새 없이 돌아가는 복잡한 문양이라는 사실을 모리스도 알았는지 모르겠다. 그 벽지가 마음을 무척 편하게 만든다거나 아름답다고 느껴지지는 않았다. 내 눈에는 어수선하고 밀실공포증을 유발하는 것으로 보였다. 단순함을 주도적으로 옹호한 인물이 만들어낸 창의적인 산물일 수도 있다는 것을 믿기 위해 몸부림쳤다. 하지만 이런 의구심은 잠시 미뤄두고 모리스의 황금률을 고려한 내 옷장 문제로 돌아가 보자.

에드워디언 스타일의 옷장

과연 쓸모 있는가?

외로운 늑대처럼 모리스만이 홀로 유용성을 찬양하지는 않았다. 노인학자 데이비드 에커트는 "문외한이든 전문가든 일반적으로 소유의 동기에 관한 목록에서 최상위에 놓이는 것은 유용성이다"라고 했다. 우리는 지금 유용한 물건 혹은 미래에 유용**할 수도 있는** 물건을 갖고 있다. 슬쩍 끼워 넣은 "할 수도 있는"이라는 말은 유효기간이 한참 지난 물건을 계속 갖고 있도록 아주 쉽게 합리화한다. 예를 들면 예비품인 깡통따개는 잘 들지는 않아도 서랍 뒤쪽 공간을 많이 차지하지 않는다. 이처럼 유용성은 상대적인 기준이다. 그렇다면 이렇게 질문할 수 있을 것이다. 어디에 유용하다는 것인가? 누구에게? 언제?

내 옷장은 사용 **중**이다. 날마다 옷을 보관하고, 때로는 과하다 싶은 옷들을 숨겨놓는다. 나는 의류 체인점의 기본적인 품목들, 물려받은 개성 없는 옷들, 중고 가게에서 싸게 산 옷들, 내가 어떤 사람인지 드러내줄 수도 있는 물건들이 잡다하게 모여 있는 것을 보고 싶지 않다. 어쩌다 한 번씩 읽는 리빙 잡지나 매년 나오는 무해해 보이는 이케아 카탈로그를 보면 저기 어딘가엔 더 수준 높은 기준이 있다는 것을 알게 된다. 옷장 계획 수립 시스템은 "입을 게 하나도 없다"는 기분처럼 주관적인 문제도 "옷을 정리해서 무슨 옷이 있는지 정확하게 볼 수 있도록 해주는 깔끔한 실내 가구"로 해결해주겠다고 약속한다.

반면에 내 낡은 옷장은 훨씬 더 낮은 수준에서 옷 보관 업무를 수행하고 있었다. 어둡고 비좁았다. 다림질이라고는 거의 안 하는 옷들이 꾸깃꾸깃한 채 꼴사납게 걸려 있었다. 덜 어수선하도록 관리할 수도 있었다. 붙박이장이나 특별히 설계된 옷장에는 탈부착이 가능한 레일이나 칸막이, 양말 전용 서랍, 밝은 조명처럼 실질적으로 도움이 되는 우수한 지원 수단이 들어 있다. 나의 미술 선생님은 그의 벽장 안에 따로 조명이 있다고도 했다(불 끄는 걸 깜빡하는 바람에 외계인 납치를 다룬 영화나 공포영화의 한 장면처럼 닫힌 문 뒤에서 불빛이 희미하게 새어나와 잠에서 깰 때는 별로였지만).

이런 평가는 바뀔 수 없을 것 같다. 내 옷장은 유물이다. 데이비드 에커트가 지적하듯이 물건들은 단지 그 자체로뿐만 아니라 다른 것들과 관련해서도 의미가 있다. 잘 몰랐을 때에는 옷장이 쓰기 힘들어도 그러려니 했다. 나는 더 나은 선택지에 의문이 들었다. 나도 결함이 있으니까, 이상적인 유용성을 달성한 상태가 어떤 모습일지

에드워디언 스타일의 옷장

혹은 어떤 느낌일지 확신할 수 없으니까. 이 경우 유용성만이 좋은 지침은 아니다. 심리학자 배리 슈워츠가 상기시키듯이 또 다른 의문이 생긴다. "가장 먼저 해야 할 일은 절대적 최선을 고른다는 목표와 적당히 좋은 것을 고른다는 목표 사이에서 선택하는 것이다."

슈워츠가 《점심메뉴 고르기도 어려운 사람들》에서 광범위하게 주장한 바에 따르면, 우리는 선택이 다양해진 시대, **최선**의 선택을 하는 것이 뭔가 도덕적 책임과 유사한 차원으로 격상된 시대에 살고 있다. 언뜻 보기에 모리스의 격언은 선택의 시장에서 꽤 근사하게 자리 잡고 있는 듯 보인다. 특히 생활을 단순화하는 상품을 팔려는 사람들 틈에서는. 슈워츠가 '극대화자[maximizer]'라고 일컫는 사람들의 마음속에는 모리스의 "쓸모 있는" 것에 대한 찬사가 유용성의 가장 좋은 기준이 된다. "오직 최선의 것만 추구하고 받아들인다."

최선의 것을 찾아내는 상황이 있다고 – 내분비전문의가 내게 해준 조언이 문득 떠오른다 – 생각하고 싶지만, 슈워츠가 지적하듯 물건의 소비와 소유에서 극대화는 끝없는 탐색, 불만족, 시간 낭비, 혹은 이 세 가지를 동시에 유발한다. 슈워츠가 제시하는 대안은 '만족자[satisficer]'가 되는 것이다. 조산원 간호사들이 툭하면 들먹이던 약간 빈틈 있는 '적당히 좋은' 어머니처럼 '만족자'는 평범함에 안주하는 사람이 아니다. 기준이나 표준이 아예 없지도 않다. 실수해도, 그러니까 아기가 병을 쥐고 있다거나 어머니가 약간 잘못된 감청색 빛

가리개를 산다고 해서 세상이 위태로워지지는 않는다. '만족자'는 충분히 잘 해나가면서 불만을 느끼지 않는다.

　　나는 옷장의 한계를 알면서도 이사하기 전까지는 냉철하고 비판적인 눈으로 보지 못했다. 이제는 슈워츠의 지침에 비추어 옷장과 나 자신을 다시 보게 되었다. 나는 어떤 사람이 되고 싶은 걸까?

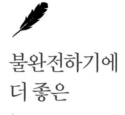

불완전하기에
더 좋은

남편은 '휴대용 가방에 들어갈 만큼의 짐만' 있으면 된다고 생각한다. 그래서 별로 든 게 없던 붙박이장 짐을 이미 다 싸두었다. 그를 보면 소유물을 도로 물건다움으로 바꿔놓는 일이 수월해 보인다. 지나치게 열심인 정원사처럼 인정사정없이 신속하게 내용물을 가지치기해서 작은 트렁크 하나와 빨래 바구니 한 개 분량으로 줄여버렸다. 안 맞는 청바지, 더러워진 점퍼 등 이때껏 써온 물건들을 없애버릴 기회를 즐기는 듯했다. 남편은 망설임이나 감상을 별로 내보이지 않았다. 상실에 대한 걱정 대신 가지치기가 새로운 성장을 이끌어낼 거라 확신하는 듯했다.

나는 그다지 결단력 있는 사람이 아닌 데다가 가볍고 날렵하지도 않다. 옷장은 무게도 무게지만 옷가지들로 빽빽이 채워져 있었다. 버지니아 울프도 말한 "옷에 대한 감각"은 설명하기 힘들다(울프는 일기에다 이와 관련해서 더 쓰겠다고 했지만, 소설 《올랜도》를 제외하고는 일기에 메모한 수준을 넘어서는 글은 쓰지 않았다). 옷장과 더불어 저예산으로 차곡차곡 모은 옷은 나의 내적·외적 정체성, 그러니까 '내가 생각하는 나'와 '다른 사람들이 보는 나' 사이의 관련성 혹은 부조화의 증거였다. 옷장은 보관과 정리 같은 명백한 목적 외에 또 다른 용도가 있는 게 분명했다. 그것은 남편, 아이들과 공유하는 삶에서 마지막으로 남은 사적 은신처였다. 아이들은 보석함에서 속옷 서랍에 이르기까지 모든 것을 들춰봤지만 옷장만큼은 출입금지 구역이라는 사실을 잘 알고 있었다. 옷장은 아이들의 생일선물을 숨겨두는 장소였다. 모순되는 목표와 감정을 담아두는 안전한 곳이었다. 이런 점을 고려할 때 아직 옷장을 버릴 준비가 되지 않았다는 사실을 깨달았다.

옷장의 개인적인 용도는 알겠지만 제약은 어찌 해야 할까? 한계는?

옷장의 제약이나 한계는 사라지지 않았지만 내 시각이 달라졌다. 철학자 크리스핀 사트웰은 단순한 하모니카로 블루스 곡을 연주하는 법을 배우던 경험에 관해 이렇게 서술했다. "철저한 제약 안에서 나는 완전히 자유로웠다. 틀리지 않고 연주하거나 **정석대로** 연주하려고 애쓰지 않았다." 이것은 배리 슈워츠가 제시한 중요한 요소에 한 가지를 덧붙인다. 뛰어남에는 객관적인 기준이 있을 수 있다. 하지만 그 기준은 항상 주관적으로 경험된다. 여기에서 극대화자와 만족자의 삶에 중대한 차이가 생긴다. 객관적으로 더 나은 선택을

　　　에드워디언 스타일의 옷장

한 극대화자보다 완벽하지 못한 선택을 한 만족자가 기분이 더 좋을 수 있다.

완벽을 추구하면 심리적으로 지나치게 힘들 수 있다. 비좁은 내 옷장은 완벽하지 않다. 하지만 절제와 관련된 유익한 역할이 있었다. 즉 옷을 사야겠다고 생각할 때 선택할 옷의 수를 제한하면서 더 많은 걸 의식하게끔 한다. 옷장이 넘치려 할 때마다 심사숙고하게 만드는 자극제가 된다. 뭐가 필요한지, 내가 누군지, 내 관객들은 누군지(그리고 그들의 호평이 얼마나 중요한지), 내가 가치 있게 여기는 것은 무엇인지. 옷이 좀 쭈글쭈글하다고 문제가 될까? 이런 질문을 해보는 것은 어떤 것을 그대로 두고 어떤 것을 버릴지 신중하게 결정하도록 만드는 잣대 역할을 한다.

옷장의 제약 때문에 어쩔 수 없이 내게 맞는 '적당히 좋은' 좁은 범주의 옷을 갖고 있을 수밖에 없었다. 그것은 해방이었다. 덕분에 모든 유행을 좇기보다는 내가 제일 좋아하는 형태, 색깔, 질감으로 이뤄진 믿음직한 핵심적인 옷을 소유하게 되었다. 매일 입는 옷이 고정되었다. 언뜻 납득이 잘 안 될 수도 있지만 선택지가 적을수록 더 만족스러웠고, 시간과 노력도 덜 들었다. 옷장에 **더해** 붙박이장 하나를 갖고 있을 때만큼 그렇게 위태롭다는 느낌은 들지 않았다.

옷장의 물리적 한계를 감수하며 살아가는 것은 옷을 어떻게 보관할지, 옷을 어떻게 입을지 해결책을 마련하라는 신호였다. 손이 안

닿는 어두컴컴한 옷장 구석은 철지난 옷을 마법 같은 진공 압축 팩에 넣어 보관하기에 완벽한 장소였다. 거울 달린 옷장 문 뒤쪽은 믿음직한 재킷 몇 벌과 조화를 이루거나 대비를 이루도록 손 닿는 곳에 스카프를 걸어놓기에 안성맞춤이었다. 옷에 철사 옷걸이 자국이 남은 걸 보면 패드가 들어간 작고 예쁜 새틴 옷걸이로 바꾸고 싶은 충동이 일었다. 장기적으로 볼 때 옷에는 그런 옷걸이가 훨씬 좋을 것이다.

물론 여기에 필연적인 인과관계는 전혀 없다. 옷장이 제약을 주었고, 나는 그 제약 안에서 움직이는 게 유익하다는 관점을 택했다. 배리 슈워츠가 지적한 대로다. "선택자는 주어진 선택이 한 인간으로서 자기 자신이 어떤 의미를 갖는지에 관한 의식을 반영하는 방식으로 결정을 내린다. 선택자는 선택 가능한 대안들이 하나도 만족스럽지 않을 수 있다고, 마음에 쏙 드는 대안을 바란다면 직접 그것을 만들어내야 할지도 모른다고 판단할 정도로 생각이 깊다." 모든 것을 감안할 때 나는 선택자이고 싶다.

에드워디언 스타일의 옷장

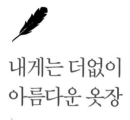

내게는 더없이
아름다운 옷장

옷장을 구입하기 몇 년 전, 모더니즘을
이끈 호주 화가 그레이스 코싱턴 스미스Grace Cossington Smith가 그린 아
름다운 실내 풍경화와 소묘 안에서 시각적으로 이 옷장과 아주 유사
한 것을 만났다. 코싱턴 스미스는 붉은색 의자들이 놓인 카페 풍경
이나 건설 중인 시드니 하버 브리지의 모습을 전체적으로 담은 도시
경관을 그린 것으로 유명하다. 하지만 내 기억 속에 아직도 남아 있
는 것은 이들 그림보다 뒤에 그린 1955년 작 '거울 달린 옷장이 있
는 실내'를 보고 느낀 감정이다. 옷장 거울에 침실의 모습이 약간 비
쳐 보이고 바닥에는 오리엔탈풍 양탄자가 깔린 그림이다. 색이 화려
한 반 고흐의 '아를의 침실'과 아주 유사한 단순함과 강렬함이 느껴
진다. 하지만 코싱턴 스미스의 작품은 아침 햇살에 반짝이면서 생기
넘치게 빛나는 듯 보인다. 그녀가 그렇게 의도했기 때문이다. 1965
년에 코싱턴 스미스는 이런 글을 썼다.

나의 주된 관심사는 늘 색이었던 것 같다. 생기 없는 있는 그대로의 색이 아니라 색 안에 있는 색이어야 한다. 반짝여야 한다. 그 안에는 반드시 빛이 있어야 한다. 무겁고 죽은 색은 있으나마나다. …… 그 방은 여기, 내 집에 있는 방이다. 햇빛이 일정한 방향으로 들지는 않지만 방 전체가 빛으로 가득 차 있는 것처럼 보인다. 이것이야말로 실제 햇빛보다 더 원하는 것이다. 나는 그림자도 은은한 빛이며, 빛이 그림자를 품은 것과 마찬가지로 그림자도 그 안에 빛을 품고 있는 게 분명하다고 느낀다.

해가 쨍쨍한 날(특히 그런 날에만) 내 옷장도 최상의 모습이다 옷장은 결국 나와 함께 오게 되었다. 내가 없는 사이에 이삿짐 운송업자들은 그 옷장을 새 집의 침실 창문 가까이에 두었다. 옷장 거울이 겨울 햇살을 최대한 빨아들인 뒤 방 안에 그 빛을 되비추었다. 마치 창문 하나가 더 생긴 것 같았다. 나무의 따스한 느낌이 편안한 가정의 분위기를 자아냈다. 특별할 것 없는 평범한 침실이 그레이스 코싱턴 스미스의 작품이 되었다. 나는 기분이 좋아졌다. 새 집이 편안해졌다.

심리학자 샘 고슬링 Sam Gosling은 저서 《스눕: 상대를 꿰뚫어 보는 힘》에서 특정 물건은 특정한 방식으로 느끼게 만든다고 주장한다. 그런 물건은 '감정 조절 장치', 즉 기분을 개선하거나 유지하기 위해

에드워디언 스타일의 옷장

사용된다. 옷을 입을 때 이미 기분이 좋다면 뭘 입는지는 덜 중요하다. 덜하다는 것이 핵심이다. 나는 '적당히 좋은' 것에 쉽게 만족하면서 하루를 무난히 보낼 것이다(물론 감정은 매우 주관적이다. 남편은 열한 번의 이사 중 여섯 번을 이 집에서 저 집으로 그 무거운 옷장을 나르느라 기분이 안 좋았다. 들어 올리는 무게에 비하여 미학적 가치의 중요성은 떨어진다).

옷장을 그대로 둘지 버릴지 감정적 혼란을 겪었지만 이제는 갖고 있길 잘했다는 생각에 안도하고 있다. 옷장의 운명을 결정하면서 했던 걱정도 사라졌다. 어떻게? 이에 관해서는 심리학자 대니얼 카너먼과 동료들이 진행한 '정점과 종점[peak-end]' 경험에 대한 연구가 통찰력 있는 설명을 제공해준다. 카너먼은 경험을 기억하는 방식이 사실 혹은 경험이 야기한 고통, 기쁨이 아니라 특정 사건에서 발생하는 가장 중요한 두 순간, 바로 사건의 정점과 종점에서의 기분(좋거나 나쁘거나)에 대한 기억과 감정에 의해 형성된다고 봤다. 만약 부정적인 정점의 순간에 옷장에서 벗어났다면 – 해결법을 몰라서 너무나도 부담스럽게 느껴질 때 – 그레이스 코싱턴 스미스의 그림 같은 아름다움을 느낄 수 있었을지 의문이다. 하지만 옷장을 계속 가지고 있으면서 결국 긍정적인 정점에 다다랐다면 판단은 달라졌을 것이다. 물론 계속 갖고 있기로 한 결정이 옳았던 것 같다.

맨 처음 옷장을 사려고 상당한 액수의 돈을 건넨 지 20년이 흘

렀다. 이제 옷장과 나는 둘 다 조금 늙었다. 하지만 이 이상한 동반자 관계를 통해 나와 물건, 특히 옷과의 관계에 대해 많은 것을 깨닫게 되었다. 옷장을 계속 갖고 있기로 한 선택이 어떤 희생을 요구하고 무엇을 주었는지 잘 안다. 상황이 달라지면 행동이 얼마나 달라지는지 나의 한계도 자각하고 있다. 나에게 이상적인 이 옷장이 실은 독특하고 오래되고 작다는 사실을 이제는 안다. 크고 무거워서 다루기 힘들 수는 있다. 하지만 이 옷장은 창의성을 약간 발휘하게 함으로써 매일 뭘 입을지 고민하는 부담을 어느 정도 덜어주었고, 기분 좋은 상태를 만들어주거나 그런 상태를 유지하거나 나쁜 기분이 나아지도록 도와줬다. 당연한 얘기지만 우리는 여전히 오래 친구 사이다. 어쩌면 나는 너무 쉽게 만족하는 사람일지도 모르겠다. 오늘 나는 옷장의 떨어진 황동 손잡이를 고치고, 윌리엄 모리스로부터 영감을 받아 유용성을 향상시키려고 새 스카프 걸이를 단 뒤 반질반질하게 윤을 내주었다.

에드워디언 스타일의 옷장

이타카섬의 돌

The Ithaka Stone

우리는 위안의 신비한 힘을 스스로 재발견해야 한다. 그것이 없다면 우리의 거처는 집이 아니라 기계가 되어버리고 만다.

_비톨트 립친스키|Witold Rybczynski, 《집: 생각의 역사》

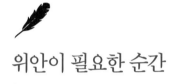

위안이 필요한 순간

오래된 병원, 어둠 속에 누워 달빛의 투덜거림을 들으며 나는 자신을 붙들고 있으려고 애쓰는 중이었다. 이 세상에 꼭 매달려 있으려고 고군분투했다. 마구 흔들어놓은 환타 캔처럼 자꾸 피가 부글거리는 거 같은 느낌에 무너져 내리지 않으려고. 나는 달걀 모양의 매끈한 돌 하나를 손으로 감싸 쥐고 있었다. 자다 깨다 하면서도 손에서 그 돌을 놓지 않았다.

새해 첫날의 응급실행은 일상적인 일인 모양이었다. "아마 별일 아닐 겁니다." 아일랜드계 의사가 말했다. 그러고는 의례적인 인사를 덧붙였다. "몸조심하세요." 나는 아프다는 걸 알고 있었다. 크리스마스부터 새해 전날까지 불편한 상태로 몸져누워 있었다. 하지만 독감이려니 했다. 여느 때와 다름없이 자제심 강하고 낙관적이며 참을성 있는 상태였다. 응급병동의 시계가 1시에서 3시를 가리키는 동안에도, 남편이 지친 아이들을 재우러 집에 갔을 때조차도. '나중에 택시 타고 가지 뭐.' 나는 태평스럽게 생각했다.

이타카섬의 돌

하지만 그날 밤이 거의 다 지나갈 즈음 허둥지둥하던 전문수련의가 목소리를 낮추고는 (존재하지도 않는) 약물 복용 여부를 연거푸 물어볼 때 알게 되었다. 줄무늬 셔츠를 입은, 피곤에 절은 전문의는 도착하자마자 게임소설에나 나올 법한 비현실적인 통계 확률을 대며, 무미건조하게 진단을 내리고 예후를 설명했다. 그즈음 나는 너무 아파서 의사가 하는 말을 이해할 수 없었다. 다만 줄거리가 바뀐 건 알았다. 잠시 후 걷잡을 수 없는 구토가 시작되자 감정을 둘러싼 연약한 벽이 무너져 내렸다. 더는 감당할 능력이 없었다.

끔찍했던 첫날 밤, 꼭두새벽에 돌아온 남편은 내 손을 잡았다. 우리는 다음 날 내가 눈을 못 뜨면 무슨 일이 벌어질지 이야기했다. 그런데 실제로 그렇게 되었고 다음 날 아침 나는 홀로 격리되었다. 나는 남편과 아이들이 어떻게 하고 있는지 알 수 없었다. 간호사는 장갑을 끼고 얼굴에 마스크를 쓴 채 일이 있을 때만 병실에 들어왔다. 노란 비닐 옷을 입은 청소부는 인사말을 나누면서도 할 일을 서둘러 끝내고 나가버렸다.

남편은 아이들을 살펴보고 간병인 명단을 추리고 입원 생활에 필요한 파자마와 책 몇 권을 가지러 황급히 집으로 갔다. 서두르는 와중에도 남편은 내 책상 옆에 잠시 멈춰 서서 지극히 쓸모없는, 무균실 안에 두기 마땅치 않은 물건을 가져다주었다. 큰 조약돌이었다. 지중해의 그리스령 이타카섬에서 가져온 돌멩이였다. 왜 그걸 가져왔는지 남편도 확실히 알지 못했다. 그냥 내가 갖고 있고 싶을 거라고, 그 돌을 손에 쥐고 싶어 할 거라고 생각했단다.

　일주일 전 나는 기저귀 갈기, 설거지 등 엄마 노릇과 집안 살림 때문에 어쩔 줄 몰랐다. 한 달 전에는 마감일에 맞춰 일하느라 자진해서 고립된 상태로 바쁘게 지냈다. 이상한 공간에서 도무지 내 것 같지 않은 고갈된 육체로, 나는 일상적인 세계와 연결되는 무언가를 갈망했다. 손으로 돌을 감싸 쥐자 그 무생물 ─ 그냥 단순한 휴가 기념품이었건만 ─ 이 오히려 거꾸로 나를 지탱해주고 있다는 느낌에 사로잡혔다.

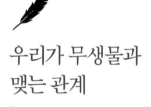

우리가 무생물과
맺는 관계

그 돌에 대한 생각은 이쯤 할까 한다. 고맙게도 그 돌은 정신적 지주가 되어 익숙함을 선사했다. 덕분에 아프기 전의 생활이 떠올라 정상적이고 안전한 기분이 들었다고 결론 내리기는 쉬울 것이다. 이런 관점에서 보면 나에게 위안이 된 것은 그 돌이 아니라 그 돌이 대변하는 어떤 것이었다. 하지만 이런 식의 성급한 판단은 자력으로 움직일 수 없는 물건의 친밀함과 그런 사물이 얼마나 자주, 때로는 부지불식간에 촉각으로 구체화된 위안을 제공하는지를 잊게 만든다.

날마다 우리는 무생물 틈에서 그저 관념적으로나 시각적으로가 아니라 체화된 방식으로 그들과 관계를 맺으면서 무의식적으로 익숙하게 생활한다. 신경학자이자 《손》의 저자인 프랭크 R. 윌슨Frank R. Wilson은 이렇게 설명한다. "아침이면 자신만의 개인적인 장애물 코스를 서둘러 뚫고 나아가는 의식이 시작된다. 물건들을 열고 닫기, 들어 올리거나 밀기, 비틀거나 돌리기, 잡아당기기, 빙빙 돌리거나 묶기……. 양손이 너무나도 능수능란하게 이러한 영역을 두루 움직이기 때문에 손이 이뤄낸 성취를 전혀 깨닫지 못한다."

얼마 뒤 퇴원해서 회복기에 들어가자 일상생활의 정도가 드러났다. 나는 그전에 당연시했던 물건에 관심을 기울였다. 어느 날 아침을 먹은 뒤 설거지를 하고 있는데 유아용 의자에 앉아 있던 딸이 가만히 있지 못하고 주의가 산만해지기 시작했다. 나는 막 씻은 버드나무 문양 찻잔을 건네줬다. 겨우 한 살짜리 아이에게 처음으로 아기용 컵이 아닌 도자기 컵을 준 것이다. 딸아이는 오동통한 두 손으로 찻잔을 쥐었다(다소 부주의하게 보일 수도 있다. 하지만 시어머니가 준 대량 생산된 찻잔은 스물일곱 점이나 되었다).

떼쓰기가 잠잠해졌다. 딸은 찻잔을 이리저리 돌려보고, 옆면과 바닥을 맛보고, 손가락으로 찻잔의 문양을 느꼈다. 그러다가 찻잔을 똑바로 세우고는 통통한 주먹을 손잡이 안으로 집어넣더니 잠시 생각한 끝에 내가 평소 하는 걸 본 대로 찻잔을 쥐었다. 내가 몇 번이고 반복해서 '컵'이라는 단어를 말하는 순간 오랫동안 잊고 있던 것을 막 마주쳤다는 사실을 깨달았다. 인간은 체화된 방식으로 모든 감각 정보를 모으고 한데 합치면서 그 세계**로부터** 어떤 물건에 대해 배운다는 것을. 이런 식의 교육에서 물건은 수동적인 참가자가 아니다. 물건이 이러이러하리라고 우리가 무엇이든지 결정한다는 의미가 아

이타카섬의 돌

니다. 물건은 우리에게 무엇인가를 다시 내민다.

이제 내 딸은 다섯 살이다. 그때만큼 컵에 관심을 쏟을 필요가 없어졌다. 컵은 그 안에 든 액체가 자기 입으로 안전하게 들어오도록 보장하는 도구일 뿐이다. 성인이 될 즈음에는 자유자재로 컵을 사용하게 될 것이다. 내용물을 쏟을 걱정 없이 차나 커피를 마시기 위해, 심지어 의식하지도 않고 컵을 집어 들 것이다. 어떻게 해야 하는지 딸의 몸은 기억할 것이다. 숙달을 통해 컵은 언제든지 쓸 수 있는 신체의 연장이 된다. 대부분의 성인들처럼 내 딸 역시 허다한 물건들과의 관계에서 걱정이 사라질 테고, 물건들은 점점 눈에 덜 띄게 되고 관심도 덜 받게 될 것이다.

우리는 보통 이런 접촉을 예사로 여긴다. 부분적으로는 복잡하게 얽힌 움직임에 숙달된 탓도 있지만 물건이 너무 사소해서 알아차리기 힘든, 흔한 경험의 일부가 되기 때문이기도 하다. 쉽게 손이 닿는 곳에 뭐가 있는지는 물론이고 무엇에 숙달됐는지도 잊는다. 사회학자 팀 던트Tim Dant가 지적했듯이 "일단 습득하면 대개 고장 나거나 다른 사람이 언급하기 전까지는 이런 물건의 존재를 알아차리지 못한다."

우리는 무생물들과 함께 있다는 것을 의식하지 못한 채 대부분의 시간을 보낸다. 그러니 물건을 고분고분한 하인으로, 우리는 주인으로 상정하는 것은 놀라운 일도 아니다. 서로 영향을 주고받는 인간과의 접촉과는 달리 소유물과의 접촉은 일방통행이라고 여긴다. 내가 펜을 내려놓으면 내려놓은 그 자리에서 펜을 발견하리라고 예상할 수 있다. 이와 유사하게 일시적인 기분에 따라 물건을 구입하고 처분하는 존재는 바로 **나**다. 이는 물건이 우리가 부여한 힘과 의미만을 가질 수 있다는 얘기다. 그럼에도 나는 병동에서 보낸 외로운 밤, 나의 우월성과 지배력을 확신할 수 없었다. 나는 돌이 그 자체로 어떻게 위안이 되었는지 강한 호기심이 일었고 이해하고 싶었다. 무생물이 어떻게 그럴 수 있는 걸까?

돌멩이 그 자체

병원에서 나는 본능적으로 손수레에서 돌을 집어 들고선 양손으로 번갈아가며 돌을 감싸 쥐었다. 돌을 쥐자마자 안정이 되었다. 눈에 보이지 않는 공포에 대한 깊은 불안감이 완화되었다. 가슴이 진정되고 심호흡을 할 수 있었다. 처음에는 차가운 감촉이었지만 얼마 안 가 피부처럼 따뜻해졌다. 그 돌은 또 다른 손의 무게처럼 느껴졌다. 아장아장 걸음마를 배우던 시기에 길을 건너려고 내 손을 잡던 아들의 손 같았다. 낯설기만 한 내 누런 피부로는 이제 잡을 수 없는 손.

마음속에서 그 돌은 햇볕이 내리쬐던 바닷가에 있을 때처럼 눈부시게 새하얬다. 나는 그처럼 생긴 매끈한 돌 수백 개를 밟고 지나갔다. 사실 지금은 그 돌을 하얀색이라고 하기 어렵다는 걸 잘 안다. 정맥 같은 푸르스름한 가는 선들이 생기고, 시도 때도 없이 습관적으로 만지면서 묻은 기름기 때문에 변색이 되어 얼룩덜룩해졌다. 나도 그렇고 다른 사람들도 무심결에 내 책상 위에 있던 돌을 집어 들고 싶은 충동을 뿌리치지 못했다.

비대칭이지만 균형이 잡혀 있다. 달걀처럼 생겼지만 깨질 것 같은 연약한 느낌은 없다. 단단하다. 내 손바닥을 묵직하게 내리누른다. 떨어뜨릴 것 같은 위태로움은 느껴지지 않는다. 고르지 못한 가장자리며 그 무게를 이제는 너무나도 잘 아는 터라 눈을 감고서도 다른 것과 구별할 수 있을 정도다.

손바닥 안에 꽉 찬 그 돌은 손 곳곳에 산재한, 촉각을 감지하는 신경섬유를 자극했다. 손끝은 훨씬 더 예민하다. 《감각의 여행》을 쓴 존 M. 헨쇼에 따르면, 인간의 손에는 신경섬유가 1만 7,000개 가량 있고, 이 신경섬유는 손끝에 집중적으로 분포한다. 부드러운 곡선을 이룬 돌 가장자리를 탐색하면서 신경섬유는 재빨리 촉각을 이용해 명암의 대비, 즉 감촉과 숨겨진 자국들을 찾아냈다.

아프고 나서 몇 년이 지난 지금도 그 돌을 가만히 쥐고 있으면 여전히 안정이 되고 온전히 살아 있다는 걸 분명히 느끼게 된다. 이런 위안이 순전히 생리적 반응이라면 대체 어떤 식으로 의미가 생기는 걸까?

이타카섬의 돌

체화^{體化} 된 지각

그 돌을 관찰 가능한 특징들의 집합체로 생각할 수 있다. 그 돌은 모양 **더하기** 색 **더하기** 질감 **더하기** 무게이고, 이 모든 것이 하나로 **합쳐져서** 결국 그 돌 자체의 개념이 된다. 철학자 모리스 메를로퐁티에 따르면, 소유물에 대한 이런 식의 세분화된 설명은 사물에 관한 지배적인 사고방식이다. 하지만 메를로퐁티가 보기에 사물에는 관찰 가능한 부분의 단순한 총합 이상인 '통일된 정체성'이 있다.

하나의 물건에는 순전히 항목별로 구분된 특성이 아니라 여러 가지가 뒤섞인 통일성과 이 통일성을 경험하는 방식에서 비롯된 의미가 있다. 이것은 물건과 그 사용자(물건을 경험하는 사람) 사이의 쌍방향 관계다. 메를로퐁티는 물건의 특성은 오직 "체화된 주체로서의 나와 이런 특성을 품은 외부 객체 사이에 이뤄지는 대화를 고려해야 이해될 수 있다"고 주장했다. 메를로퐁티가 예로 든 바에 따르면 꿀은 달콤하고 끈적끈적하지만 이 특성을 관념적으로 알 수는 없다. 손이 끈적끈적해질 때, 우리가 꿀이 될 때 특성을 완전히 알게 된다. 내 손 안의 돌멩이처럼 꿀도 내게 도로 내민다. 꿀이 다른 물건보다 뚜렷하게 이런 관계를 보여주긴 하지만 이것이 이례적인 건 아니다. 메를로퐁티는 이렇게 말했다. "물건과의 관계는 거리가 먼 관계가 아니다. 물건은 저마다 우리의 몸, 우리가 사는 방식에 대해 이야기한다. 물건들은 (고분고분하거나 부드럽거나 적대적이거나 저항하는) 인간의 고유한 특성들을 갖고 있으면서 동시에 역으로 우리가 사랑하거나 미워하는 삶의 형태에 관한 상징으로서 우리 안에 살고 있다. 인간은 세상의 물건에 깃들고, 물건은 인간에 깃든다."

인간과 사물의 밀접한 연관성에 대해서는 살마 로벨Thalma Lobel이 더 깊이 탐구했다. 로벨은 이스라엘의 텔아비브대학교에서 체화된 인지에 대해 연구하는 심리학 교수로, 《센세이션: 결심을 조롱하는 감각의 비밀》의 저자이다. 로벨은 물건의 감촉과 무게에 대한 촉지각이 어떻게 무의식적으로 행동과 경험의 발판을 만들고, 행동에 영향을 미칠 수 있는지를 연구한다. 예컨대 그는 이렇게 설명한다. "거칠거나 매끄럽거나 딱딱하거나 부드러운 물체를 만지면 우리가 상황을 얼마나 거칠게 혹은 매끄럽게, 딱딱하게 혹은 부드럽게 인지하는지, 우리의 행동이 얼마나 딱딱한지 혹은 부드러운지에 영향을 준다." 로벨에 따르면 감촉 및 은유와 세계를 개념화하는 방식 사이에 복잡한 상호작용이 일어난다.

　　　　　이타카섬의 돌

때로는 이런 관련성이 믿을 수 없을 만큼 분명하게 나타나기도 한다. 이를테면 무게는 심각성을 판단하는 데 영향을 미친다. 로벨의 연구 결과에 따르면 더 무거운 서류철을 들고 있는 실험 참가자들이 사회 문제에 더 심각한 비중을 두었다. 또 다른 연구에서는 더 무거운 서류철을 든 학생들이 그보다 절반 무게인 서류철을 든 학생들보다 다양한 화폐를 더 높은 가치로 추산했다. 무게가 무의식적으로 중요성을 더하는 것처럼 보인다.

정말 돌의 무게가 이 같은 직접적인 차이를 만들어냈을까? 돌 표면의 매끄러움이 병마에 시달리던 내 힘겨운 싸움의 거친 모서리를 깎아냈던 걸까? 급격한 육체의 쇠락에도 불구하고 그 돌이 내가 계속 버티도록 도운 걸까? 확실히 알 도리는 없으나 - 나는 아파서 혼란스러워진 내 기억을 믿을 수가 없다 - 이런 가정들은 재미있고 시사적이다. 그 돌이 나로 하여금 더 실질적 가치가 있는, 수명이 짧지 않은 존재로 느끼게 만들고 악몽이 활개 치지 못하게 해서 나를 붙잡아준 것으로 볼 수밖에 없다.

잡고 잡히기

잡고 잡히기는 고통과 괴로움으로 인한 반응을 달래는 일반적인 방법이다. 자연 옹호자인 리처드 루브 Richard Louv는 베스트셀러 저서 《자연에서 멀어진 아이들》에서 이렇게 말했다. "인간의 손길이 없으며 저머이 영장류는 줄는다 접촉이 부족한 성체[adult] 영장류는 더 공격적인 성향을 띤다." 아기 때는 안겨 있지만 점차 성장하면서 필요할 때 다른 사람으로부터 받는 육체적 위로를 보장받을 수 없게 된다. 점점 더 많은 사람들이 홀로, 혹은 중간에 칸막이가 쳐진 삶을 살아간다. 물건이 주는 위안은 잊기 쉽지만 사회학자 팀 던트가 상기시키듯 물건과의 접촉은 사람과의 접촉에 비해 지속적이고 친밀하다. 우리는 접촉을 잃어버리지 않은 것이다.

유명 작가이자 의사였던 올리버 색스 Oliver Sacks는 《화성의 인류학자》에서 자폐증이 있는 학자 템플 그랜딘 Temple Grandin이 발명한 '포옹' 혹은 '입박' 기계에 대해 설명한다. 그랜딘은 안기고 싶은 욕구를

이타카섬의 돌

충족하기 위해 그 기계를 발명했다. 어린 시절 그녀는 간절히 안기기를 바라면서도 인간의 접촉에 겁먹고 어찌할 줄 모르는 모순된 충동을 경험했다. 그랜딘은 안겼을 때의 기쁨과 편안함을 계속 갈망했고 통제가 가능한 상태에서 자신을 안아줄 수 있는 마법 같은 기계를 꿈꾸기 시작했다. 이런 욕구에 대한 해결책으로 그녀는 '포옹' 기계를 발명했다. 덮개를 씌운 V자 모양으로 된 '사람만 한' 이 기계는 소를 제지하는 압박식 보정틀을 기초로 만든 것이었다. 공업용 압축기를 사용해서 몸에, 그러니까 어깨부터 무릎까지 강한 압력을 가했다. 그랜딘과 함께 시간을 보낸 뒤 색스는 대단히 흥미로운 해석을 하면서 이렇게 말했다. "그녀는 위안과 위로를 얻고 싶었지만 인간에게는 의지할 수 없었다. 대신 그 기계에 늘 기댈 수 있었다." 촉각을 통해 위안 받고 싶은 욕구에 대한 템플 그랜딘의 획기적인 대응은 흔치 않은 경우이긴 하다. 하지만 위안을 얻으려고 물건에 기대는 것은 아주 흔한 일이다.

정신과 의사이자 정신분석가인 도널드 W. 위니콧Donald W. Winnicott 이 보호자와 분리된 영유아들이 스스로를 달래기 위해 익숙한 물건을 어떻게 사용하는지 설명하기 위해 개발한 이행 대상[transitional object]이라는 개념은 현재 아동발달 분야에서 통상적으로 수용되고 있다. 영아는 인형, 장난감, 담요처럼 익숙한 물건이나 엄지와 같은 신체 부위를 자기위로에 자주 사용한다. 위니콧의 생각은 만화《피너츠》에서 자기 담요를 갖고 다니는 라이너스라는 등장인물로 인해 많은 사람들에게 알려지면서 일반적으로 통용되는 개념이 되었다. 내 아들의 '우피'와 딸의 '하얀 테드'는 상상 놀이와 잠자리 의식에서 딱 그와 같은 중요한 역할을 했다.

위니콧이 '안락한 대상'이라고도 부른 이행 대상은 일반적으로 아이의 몸 가까이 있다. 사회학자 데버러 럽턴Deborah Lupton이 관찰한 바에 따르면, 이행 대상은 가끔 애정 때문에 부분적으로 파괴되기도 하는데, 이런 물건은 순수한 상태로 유지되는 게 아니라 아이에 의해 '창조'되거나 '맞춤형'으로 변형된다. 그랜딘의 포옹 기계처럼 이런 물건은 접촉을 통해 편안함을 느끼는 데 도움이 된다. 보호자가 없어도 아이는 진정되고, 보호자로부터 분리된 자아감이 발달하기도 한다.

템플 그랜딘이 좋아한, 자신을 달래주는 친숙한 무생물 친구들은 아주 어릴 때는 이해가 된다. 하지만 다른 사람들은 어떨까? 세상의 소음이 희미해지고, 만질 수도, 만져질 수도 없는 그 병실에서 내 손바닥에 있던 작고 하얀 돌은 인간을 대신해주었다. 질병과 입원이라는 내 상황은 극히 예외적인(전문의의 추산에 따르면 백 번에 한 번 일어날까 말까 한) 것이었지만, 물건이 주는 위안은 예외적인 것이 아니었다. 우리는 평범한 일상에서 알든 모르든 집에 있는 물건에서 자주 위안을 찾고, 물건으로 위로받는다.

이타카섬의 돌

안락한 둥지

"안락함이란 무엇인가?" 건축학 교수이자 작가인 비톨트 립친스키는 《집》에서 이런 질문을 던졌다. 단지 '인체 생리학'에 관한 경우라면 단도직입적으로 답할 수 있는 쉬운 질문이다. 즉 안락하다는 건 '기분이 좋은 것'이다. 우리는 뭔가가 안락하고 위안을 준다는 것을 느낌으로 알 수 있다. 안락함의 부재, 즉 불편한 기분을 통해 알기도 한다.

하지만 립친스키는 순전히 주관적인 생리학적 설명은 불충분하다고 봤다. 시간이 흐르면서 가정의 행복, 개인과 개인 사이에 어떤 변화가 일어났는가? 립친스키는 근대적인 안락함의 개념은 과거에는 아주 흔하지도, 널리 퍼지지도 않았던, 프랑스 로코코 시대에 출현한 개념이라고 지적한다. 그 뒤로 안락함이라는 개념은 18세기 영국 시골 저택의 여유로운 중산층 가정이라는 이미지로 진화했으며, 사람들은 물질적 안락함이 만족과 같은 내면의 심리 상태와 연결된다고 점점 더 생각하게 되었다. 립친스키는 다음과 같이 서술했다.

제인 오스틴의 여러 소설을 읽다 보면 '안락함', '안락한'이라는 단어를 놀라울 정도로 자주 발견하게 된다. 제인 오스틴은 이 단어를 지원 혹은 도움이라는 옛날 의미로 사용했다. 하지만 대개의 경우 새로운 종류의 경험, 즉 물리적 환경의 기쁨과 즐거움으로 생겨난 만족감을 전달하려고 의도했다. 오스틴은 《맨스필드파크》에서 패니 프라이스의 방을 '안락한 둥지'로 묘사한 바 있다.

시간이 지나면서 물질적인 것에서 안락함을 추구하고 위안을 얻으려는 것이 육체적으로나 정신적으로 널리 수용된 문화적 개념이 되었다. 그 개념은 지금 우리가 당연시하는 안락한 가정의 행복이다.

인테리어에 관한 글을 쓰는 작가 데버러 니들맨^{Deborah Needleman}처럼 집 안의 안락함을 두고 기분 좋게 만드는 뭔가로 생각하고 말하는 것도 이해가 간다. 그것은 가정의 분위기다. 니들맨은 안락함이 "일상적인 것 안에" 우리를 받아들임으로써 "돌봄을 받는다"는 느낌이 들게 한다고 주장한다. 진부한 표현이긴 하지만 일단 사적인 우주 안에 있으면 세상으로 통하는 문을 닫고 머리를 푼 채 신발을 벗어던지거나 실내화를 신고 느긋하게 있을 수 있다.

아늑한 총체로부터 나온 특정 물건의 안락함과 위안을 물건에 대한 긍정적 반응 이상으로 분석하기는 힘들 수 있다. 비톨트 립친스키는 이렇게 말한다. "지루함은 성가실 정도로 짜증스럽지는 않다. 하지만 자극이 되지도 않는다. 그런데 문을 열었을 때 '정말 안락한 방이군'이라는 생각이 들면 뭔가 특별한 것, 아니 일련의 특별한 것들에 긍정적으로 반응하게 된다."

립친스키는 안락함에 대한 경험을 다채롭게 말하기 위해 노력하라고 제안한다. 이렇게 할 경우 부지불식간에 육체적·정신적·생리적 층위와 같은 여러 층위를 발견할 수도 있다. 립친스키가 예로 든 것에는 다음 요소들이 포함된다. "편리함(유용한 탁자), 효율성(조절된 조명), 가정적인 것(차 한 잔), 육체적 이완(몸을 깊숙이 파묻을 수 있는 의자와 쿠션), 사생활(독서하기, 대화하기)." 이 모든 특징이 안락함의 일부인 실내의 평온한 분위기에 기여한다.

립친스키의 설명이 윌리엄 모리스의 이상적인 거실에 대한 처방과 공통점이 많다는 것은 주목할 만하다. 우연의 일치로 보이지는 않는다. 두 사람은 이 요소들이 경험에 무엇을 제공하는지 관심을 기울인다. 이런 식의 관찰과 이를 반영한 생각은 어떤 물건이 중요한지 알아내는 출발점이자 물건과 함께 하는 현명한 삶의 핵심이다. 하지만 사람들은 대부분 사는 게 바쁘다 보니 결코 그렇게까지 멀리 가지는 못하는 것 같다.

위로가 되는 무관심

자연의 결핍을 설명하기 위해 '문화적 자폐증'이라는 용어를 만든 작가 리처드 루브는 자연계와의 중요한 접촉을 상실한 아이들의 위험성에 관해 흥미진진한 주장을 폈다. 루브가 보기에 자연계는 가장 근본적이고 필수적인 요소다. 인간이 만든 인공물의 세계는 자연계에 비해 가치가 덜하다. 현재 대다수 사람들이 살아가면서 사용하는 전자 기기들은 특히 더 그렇다. 루브의 주장에 따르면 우리는 "스스로 보고, 느끼고, 맛보고, 듣고, 냄새 맡는" 능력을 잃을 위기에 처했다.

세계가 전자 화면에 점점 더 영향을 많이 받게 되면 결과적으로 우리는 제한된 방식으로 감각을 사용하게 된다. 아이들은 붕붕대는 벌, 떨어지는 잎사귀, 자전거, 빗속을 걷는 사람과 뛰는 사람, 파리에 몸 전체로 반응하는 동시에 화면을 터치하려고 손가락을 사용한다. 나는 화면에 홀딱 빠져 게임을 하는 여덟 살짜리 남자아이의 엄마로서 루브의 주장, 특히 감각을 불러일으키는 바로 곁에 있는 세계와

이타카섬의 돌

친밀하고도 사적인 상호작용을 못 하게 될 위험성을 경고한 그의 의견에 공감한다.

주목할 것은 자연계가 인간을 중심으로 만들어진 게 아니라는 사실이다. 예를 들어 전자 게임 등 화면을 보는 수동적인 시간 때문에 자연계가 열외로 밀려나면, 인간이 고안한 한정된 범위 안에서만 감각이 반응할 뿐 아니라 우리 인간이 물건의 중심에 남아 있게 된다.

내가 있던 병실은 유용성이 없는 게 아니라 감각 자극에 무관심했고 나는 그 중심에 있었다. 그 돌은 가장 기초적인 생리적 방식으로 내 손길을 거부했다. 다루기 쉽지 않았다. 나도 그렇게 되기를 바라지 않았다. 윌리엄 모리스의 조언과 달리 그 돌은 일상생활에서 유용하지도, 일반적인 시각에서 볼 때 아름답지도 않았다. 하지만 이러한 자질들의 부재가 그 돌의 핵심적인 매력을 이루는 가장 중요한 요소였다. 그 돌은 고분고분한 하인이 아니라 그 자체로 아주 오래된 것이었고, 인간 세상이나 욕구, 급한 일에 무관심했다. 내가 죽은 뒤에도 그 돌은 오래 남아 있을 터였다. 그 돌은 내 감정과 거리를 두고, 내 감정에 무심한 사물이었다. 템플 그랜딘의 포옹 기계처럼 인간적 친밀함이나 요구 사항, 보상이 없었다. 그저 하나의 돌이었다.

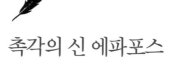

촉각의 신 에파포스

그리스 작가 니코스 카잔차키스는 자서전적 소설에서 "에파포스(그리스신화에 나오는 제우스와 이오의 아들로 이집트의 왕 – 옮긴이)는 촉각의 신"이라고 했다. 에파포스는 보거나 들은 것은 신뢰하지 않고 오직 느낀 것만 믿었다. "그는 사람과 흙을 만지고 움켜쥐고 싶어 했다. 자신의 온기와 뒤섞인 그들의 온기를 느끼기 위해, 그와 함께 하나 됨을 느끼기 위해." 다른 신들은 변덕스러운 천신인 데 반해 에파포스는 믿음직하고 근면하며 세속적이었다. 하지만 카잔차키스는 평생 에파포스의 정신과는 정반대되는 것, 도달할 수 없는 것, 즉 "고통은 착각이고 덧없는 꿈이다. 꿈에서 깨어나면 고통은 흩어지고 그러면 당신도 사라지고 세상도 당신과 함께 사라진다."고 한 불교에 빠지기도 했다.

튀는 거라곤 노란색 의료 폐기물 봉투뿐인 표백된 병실 안에서 실존적 불확실성에 놓인 나는 대립되는 경향들, 그러니까 임박한 죽음에 사로잡힌 감정, 중요한 모든 것을 잃을 수도 있다는 위협, 완전

이타카섬의 돌

히 무감각한 상태로 물러나고픈 충동 사이에서 불안정하게 흔들렸다. 아주 쉽게 세상을 버리고 그 어떤 것에도 마음 쓰기를 그만둘 수도 있었다. 그때 이 세계를 되찾게 해준 건 뚜렷한 용도가 없는 그 돌멩이였다. 만지고 싶고 느끼고 싶은 기본적인 욕구를 채워준 그 돌 덕분에 완전한 자포자기 상태를 극복할 수 있었다. 그 돌은 내가 이 세상에 정박하고 있다는 기분이 들게 했다. 너무나도 쉽게 굴러떨어질 수 있다는 걸 알았을 때 나를 묵직하게 눌러줬다.

이케아 의자
포엥

The Poäng

산업은 근대성, 연속성, 완벽함, 그리고 단순히 비슷한 정도가
아니라 서로 완전히 똑같은 물건을 의미한다. 그것은 표준화다.
물건들이 쉬지 않고 세상으로 계속 나온다.

_에드먼드 드 월Edmund de Waal, 《화이트로드The White Road》

골치 아픈 척추

앉는 문제를 반드시 해결해야 한다는
걸 깨달았다. 그것도 하루빨리. 남편의 왼팔을 타고 내려간 급작스럽
고 날카로운 통증은 갑자기 찾아온 듯했다. 남편은 의사를 찾아갔다.
의사는 증상을 무시하면 안 된다고 충고했다. 곧 정밀검사를 통해
의사의 말이 사실로 확인되었다. 통증은 상부 척추의 신경 손상으로
인한 결과였다. 유도 수업 중의 운 나쁜 낙법이 원인이지 싶었다. 간
헐적인 섬뜩한 마비 증상이 손과 손가락에서 시작됐다. 의사는 누가
봐도 걱정스러운 표정으로 10주간 완전한 휴식을 취하라고 딱 잘라
말했다. 3킬로그램이 넘는 건 어떤 것도 들어 올리지 말라고도 했다.
"하지만 아기는요?" 남편이 의사의 말에 토를 달았다. "안 돼요. 아
기도요." 그건 불가능하다고 남편이 이의를 제기했지만 말 안 듣는
환자에는 이골이 난 듯 의사도 물러서지 않았다. 통증도 심각하지만
마비 위험성이 진짜 높다고 말했다. 이 말이 여전히 젊은 육체의 힘
과 회복력에 자신만만한, 참을성 없는 서른 살 남자의 마음을 움직

이케아 의자 포엠

였다. 의사는 다시 한 번 지시를 되풀이했다. 쉬어야 한다. 최대한 쉬어야 한다. 10주간. 치유해야 한다.

이 강력한 권고에 따라 남편과 나, 그리고 새로 태어난 아기는 의사의 말을 집에서 실천하게 됐다. 매우 간단하게 들렸다. 쉬어라. 좋은 자세를 습관화해라. 앉은 자세를 지탱할 수 있게 똑바로. 하지만 10년 동안 컴퓨터 중독자로 살아온 사람이 이 목표를 달성하게 하려면 정확히 어떻게 도와야 할까? 이것은 나에게 풀어야 할 지속적이고 실질적인 문제가 되었다. 남편은 수년에 걸쳐 형성된 습관대로 털썩 주저앉거나 구부정하게 앉지 않으려고 온종일 신경을 쓰면서 바른 자세로 앉는다는 자신의 임무를 다했다. 하지만 두 달 이상은커녕 단기간이라 하더라도 변화는 육체적으로 힘든 일이었다. 다른 사람들은 마비를 무시하거나 대수롭지 않게 여겼지만 남편과 나는 그럴 수 없었다. 통증과 저림이 규칙적으로 몸을 침범하자 남편은 움직임 하나하나에 주의하게 되었다. 우리는 그 어느 때보다도 불안에 떨었다.

나는 물리치료사가 본다면 우리 집이 악몽처럼 끔찍할 거라는 사실을 깨달았다. 단단한 나무로 된, 무늬가 없는 부엌 의자는 딱 그만큼의 지지력만 있었고, 깃털로 속을 채운 소파는 푹 꺼져버렸다. 침대에 누워도 문제였다. 반듯하게 누우면 숨길 수 없는 저림 증상이 찾아와 창백한 피부 뒤에 숨어 있는 손상을 떠올리게 만들었다.

예기치 않게 몸이 완전히 바뀌게 되자 아기를 집에 데려오기 훨씬 전부터 함께 살았던 물건들과의 관계도 바뀌었다. 낡아빠진 익숙한 가구들 중에는 몸을 지지해줘야 한다는 단 하나의 조건을 충족하도록 조정할 수 있는 것이 하나도 없었다. 나는 남편의 병을 고칠 수는 없지만 현실적인 해법을 찾아볼 수는 있었다. 새로운 해법을.

아마 비슷한 상황에 처한 사람들은 대부분 나와 똑같이 행동할 것이다. 그런데 완전히 새 물건을 사러 나가는 것은 텔레비전 가구 광고에 나오는 묘한 현실 속에 사는 듯 이상한 동시에 지극히 정상적이라는 기분이 들게 했다. 신체는 상당히 건강하지만 한정된 예산으로 살아가는 부부로서 그때까지 남편과 나는 '딱 맞는', 그러니까 가격이 적당하면서도 흥미로운 물건이 나타나기를 기다리면서 중고품으로 생활을 꾸려나가는 데 만족했다. 집에 가구를 들이는 일은 전력을 다해 재빨리 체크 표시를 하고 끝내버리는 과제라기보다 일종의 끝이 없는 모험이었다. 그러다 보니 집 안은 소매점에서 구입한 새 물건이 아니라 휴가차 방문한 소도시의 골동품 가게에서 발견한 물건들로 한 부분, 대형 쓰레기 수거장에서 가져오거나 다른 사람에게 물려받은 물건들로 또 한 부분이 채워졌다. 침구와 백색 가전제품들을 제외하면 집에 있는 것 중에 새로 산 물건은 정말 손에 꼽을 정도였다. 이는 최소한 부분적으로는 환경적·윤리적 우려, 그러니까 아이가 잠을 안 자서 늦은 밤마다 온라인으로 〈가디언〉의 환경 기사들을 읽으면서 커진 걱정에 대한 의식적인 대응이었다. 하지만 세월의 시험을 충분히 견딜 만큼 오래되지 않은 물건에 대한 나의 불신과 뒤섞인 검증되지 않은 습관 때문인 것도 인정한다. 나는 이런 견고한 습관이 각종 물건들이 실제로 필요성을 충족시키고 있다는 사실을 가리고 있다는 사실을 깨닫지 못했다. 나의 시간과 경쟁하는 다른 우선순위들, 그리고 결함이 있는 가구에도 얼마든지 적응할 수 있는 신체적 유연성이 있었기 때문에 기본적으로 물건들이 저마다 목적에 부합하는지 면밀하게 살필 필요가 없었다. 하지만 이제는 기능성이 가장 중요한 가치로서 신중한 고려 사항이 되었다.

"뭘로 고칠 수 있는지 알아." 나는 남편에게 말했다. 그의 정신과 육체를 점령한 치명적인 위협이 그저 더 나은 조직이 요구되는 관리상의 문제라는 듯이 말이다. 나는 3개월 된 아들을 낡은 흰색 볼보에 태웠다. 몇 달 동안 불면의 밤을 보내느라 차를 몬 적이 거의 없었다. 나는 시내에서도 제일 심하게 붐비는 도로를 지나고 전차가 다니는 길을 따라 간 뒤 대형 콘크리트 쇼핑몰에 이르렀다. 개점 시간이었지만 오래 있을 생각은 없었다. 쇼핑의 목적은 하나였다. 새로운 어려움을 해결하기 위해 저렴한 새 의자를 재빨리 찾아서 구입하는 것. 카탈로그에서 이미 봐둔 그 해결책은 심지어 이름도 있었다. 포엥Poäng이었다.

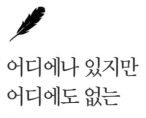

어디에나 있지만
어디에도 없는

포엥은 이케아에서 대량 생산하는 안락의자다. 1975년 디자이너 나카무라 노보루가 처음 만든 이 의자는 '인생 의자'가 되었다. '편안하고 내구성 있는 멋진 의자'를 추구하면서도 저렴하게 생산된 포엥은 상대적으로 허술해 보인다. 하지만 대다수 싼 물건들과 달리 포엥의 내구성은 눈앞에서 확실하게 입증되고 있었다. 이케아 매장 안으로 들어간 아들과 나는 투명 아크릴 수지로 된 부스 안에서 자동 로봇이 포엥을 테스트하는 모습을 지켜봤다. 압축공기로 작동되는 로봇 팔은 평균적인 성인이 평생 앉았다 일어나는 정도의 힘으로 최면에 걸린 듯 의자 시트를 위아래로 누르고 있었다. 로봇은 이렇게 말하는 것처럼 보였다. 이 의자는 믿어도 됩니다. 이게 그 증거랍니다.

스타일리스트이자 블로그 운영자인 크리스 캐럴에 따르면, 최근 포엥은 '다섯 가지 역대 최고 제품'의 목록인 이케아의 '유명 제품 5' 안에 들어갔다. 이 목록에는 인기 있는 소파, 전등갓, 친숙한 커피테이블, 선반을 조절할 수 있는 책장도 포함되었다. 포엥이라는 이름이 널리 알려진 것처럼 이 책장도 빌리Billy라는 이름으로 불린다. 영국 신문 〈텔레그래프〉의 특별 기사 전문 기고가인 해리 월롭Harry Wallop에 따르면 빌리는 이케아에서 가장 인기 있는 제품이다. 빈말이 아니다. 2012년에 쓴 글에서 월롭은 빌리 책장이 두 달도 안 되는 기간 동안 전 세계적으로 50만 개 이상 팔렸다고 언급했다(고백하자면 우리 집에도 중고 빌리가 두 개나 있다. 하나는 부엌에 있는데 그래픽노블 컬렉션을 꽂아두었고, 다른 하나는 차고에 있는데 선반에 책이 넘쳐나는 상태다).

이케아는 40년 동안 포엥 의자가 전 세계에서 얼마나 많이 만들어지고 판매되었는지에 관한 정보를 공개한 적이 없다. 하지만 포엥을 어디서나 흔히 볼 수 있는 것 같다고 해도 틀린 말은 아니다. 미국 작가 메건 다움Meghan Daum은 자서전《그 집에 살면 인생이 완벽할 텐데》에서 많은 사람들이 포엥을 어떻게 알아보는지 적절하게 포착했다. "이케아가 등장한 이후의 세계에서 아주 흔한 멋진 의자였다. 집에 들른 이웃들은 '오, 포엥이네요!'라고 말했다." 나는 이 의자를 '아파트 테라피', '디자인 스펀지' 같은 디자인 관련 블로그, 몇몇 이웃집, 사무실과 중고 가게에서 봤고, 가끔은 건물이나 도로 사이의 자연 녹지대에 버려진 대형 쓰레기 틈에서 본 적도 있었다. 우리 아이들은 포엥에 앉아 있는 할머니도 알았다. 아이들이 읽는 동화책 가운데 영국의 작가이자 일러스트레이터인 세라 갈런드Sarah Garland의 작품《에디의 부엌》에 나오는 할머니였다.

포엥은 오랫동안 현대인의 삶 속에서 바탕화면처럼 자리했다. 프랑스 사회학자 비올레트 모렝Violette Morin의 사상을 설명하면서 인류학자 재닛 호스킨스Janet Hoskins가 말한 '프로토콜 사물[protocol object]'이라고 할 만하다. 프로토콜 사물이란 "개인적 경험이 아니라 구매 기회를 나타내는, 어디에나 있지만 어디에도 없는" 물건이다. 하지만 연속적으로 계속 생산되는 이런 상품, 모더니스트가 고개를 끄덕일 게 분명한 디자인 감성을 지닌 겉모습은 어떤 종류의 구매 기회일까? 구매자에게 어떤 기회를 내미는 걸까?

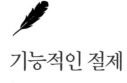

기능적인 절제

포엥은 '휘어진 너도밤나무를 얇게 켜 켜이 붙인' 뼈대가 밖으로 노출돼 있다. 나무가 그리는 곡선과 움푹한 부분은 인간 척추의 우아함을 그대로 본뜬 것이다. 초음파로 뱃속에 있는 아들의 척추를 봤을 때 나는 인간 내부 구조의 기이한 아름다움에 진심으로 감탄했다. 나는 밖으로 드러난 포엥의 척추가 남편의 손상된 척추에 도움이 되기를 바랐다. 포엥은 남편 몸의 곡선을 따르고 흉내 냄으로써 이런 희망을 이뤄줄 것 같았다. 전시실에서 포엥에 앉아 시험해볼 때 그런 기분이 들었다. 다만 남편의 손상된 척추 뼈와 달리 포엥의 척추에는 다른 놀라움이 숨어 있지 않기를 바랐다.

장식이나 충전재를 뺀 포엥은 평범한 안락의자가 아니다. 보통 속을 빵빵하게 채운 전통적인 안락의자가 숨기는 것을 포엥은 겉으로 노출시킨다. 튀지 않는 색깔의 얇은 쿠션과 성긴 목조 뼈대로 이루어졌다. 묵직한 가죽 체스터필드 클럽의자 같은 전통적인 제품과 비교하면 해골처럼 보인다. 당연한 얘기지만 무게도 훨씬 덜 나간다. 9킬로그램이 채 안 되어 9개월 된 남자아이와 무게가 거의 같고, 체스터필드 의자 무게의 10분의 1이다. 포엥의 부품이 든 상자를 쇼핑카트에 담는 건 결코 가벼이 넘길 문제가 아니었다. 머지 않아 여기저기로 카트를 끌고 다닐 내 모습이 떠올랐다.

　스타일 면에서 포엥에서 보이는 재료의 절제된 사용은 확실히 모더니즘 디자인 전통이다. 구부러진 목재 프레임, 팔걸이 기능을 겸하는 베니어판을 붙인 다리는 현재보다는 20세기 초 모더니즘 의자와 더 닮았다. 모더니즘 의자라고 하면 1930년대의 탄성 있는 디자인 의자인 핀란드 건축가 알바 알토Alvar Aalto의 안락의자 '31'과 셰즈 롱그(chaise longue; 다리를 뻗을 수 있는 긴 팔걸이의자 - 옮긴이) '39', 마르셀 브로이어가 1936년에 곡면 합판으로 만든 아이소콘(Isokon; 1931년 영국 런던에 설립된 디자인 회사 - 옮긴이) '쇼트 체어Short Chair'가 있다. 다만 브로이어의 목재 사용은 영국인의 취향을 고려한 제조사의 통찰력을 받아들인 결과였다.

　세련된 선구자들과 마찬가지로 포엥도 조금은 약하고 허술해 보인다. 어린 시절, 견고함이 오래도록 지속될 것 같던 1980년대의 거대한 안락의자 같은 육중함이 전혀 없다. 내가 어릴 적 안락의자에서 했던 것처럼 아들이 내가 안 보는 사이에 포엥을 거실 체조 발사대로 쓰면서 성장할 일은 없을 것 같았다(신체 손상이라는 냉혹한 현

　　　　　　　　　　　　이케아 의자 포엥

실을 정면으로 맞닥뜨린 탓에 나의 엄마로서의 뇌의 또 다른 영역은 위험을 사전에 제거했다는 점에서 살짝 안심했다). 게다가 음료수를 엎지르거나 다른 손상이 가해지는 것에 대해 너무 걱정하지 않아도 되었다. 일부 물빨래가 가능한 커버이기 때문이다. 사실 포엥의 유일한 장식은 — 그걸 장식이라고 부를 수 있다면 — 눈에 확 띄는 캔틸레버(한쪽 끝이 고정되고 다른 끝은 받쳐지지 않은 상태)식 나무다리 두 개다. 두 다리는 위쪽으로 곡선을 이루며 팔걸이를 구성하고 바닥을 따라 내려가면서 다리를 이룬다.

포엥은 필수적인 기능성을 줄인 의자다. 적절히 사용한다면 거기 앉아서 편하게 쉴 수도 있겠지만, 느긋하게 앉아 있거나 털썩 주저앉거나 구부정하게 앉는 것은 거의 불가능하다. 이러한 기능적인 절제가 우리에게, 그러니까 우리 가족의 척추 건강에는 좋았다. 아니, 좋을 것 같았다.

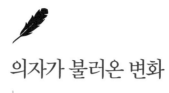

의자가 불러온 변화

집으로 돌아온 나는 새 의자의 부품들을 거실 바닥에 늘어놓고 도면을 따라 조립했다. 레고처럼 쉬워서 완성하는 데 30분도 걸리지 않았다. 특히 기초 자재로 뭔가를 실제로 만드는 도전과 비교하면 다소 허무한 성취였다. 하지만 의자를 만드는 데 제한적으로나마 참여하니 기분이 나아졌다. 멀리 떨어진 곳에서 계속 같은 결과물을 보장하는 생산 과정에 어느 정도 경의를 표할 수밖에 없었다. 뜻밖에 정이 들기도 했다. 나도 모르게 의자에 호감을 갖게 된 것이다. 똑같은 이름을 가진 의자들과 전혀 다를 바 없는 의자였지만 말이다. 연구자들은 일반적으로 조립식 가구를 만들 때 따라오는 이런 긍정적인 감정에 '이케아 효과'라는 이름을 붙이기도 했다.

아주 놀랍게도 집에 있는 포엥의 존재가 내 태도를 변화시켰다. 어떤 물건이 제공할 수 있는 것, 그로 인해 집 안에 있는 훨씬 더 오래된 물건과의 관계에 대한 내 기대가 갑자기 바뀐 듯했다. 그런데

이케아 의자 포엥

정확히 어떻게 바뀐 걸까?

프랑스 사회학자 장 보드리야르Jean Baudrillard는 《사물의 체계》에서 물건은 늘 어떤 식으로든 우리와 세계의 관계를 변형하거나 조정한다고 했다. 예를 들면 자동차는 시공간과의 관계를 완전히 바꿔버린다. 거울은 빛, 그리고 대개 외모와의 관계를 변화시킨다. 뒤에서 재잘대는 라디오는 정적과 소리, 새소리와 자동차 소리의 관계를 바꾼다. 이렇게 역동적이고, 되비추고, 시끄러운 물건들 하나하나가 가져오는 변화는 눈에 쉽게 띄어서 알아차리게 된다. 그렇다면 포엥처럼 대량 생산된 정적인 물건은 정확히 어떤 식으로 변화를 가져오는 걸까?

포엥이 정말이지 어울리지 않는다는 건 명백한 사실이었다. 어울릴 것이라는 환상은 전혀 없었지만 아웃사이더적인 면이 너무나도 두드러졌다. 미적인 측면에서 시대가 맞지 않았다. 너무 새롭고, 너무나 최소화를 지향하는 미니멀리스트인 데다가, 너무 완벽하고, 너무 기능적이고, 너무나 명백하게 이케아 제품다웠다. 하지만 오래된 물건들의 무게와 비교할 때 상대적으로 포엥의 새로움과 관련해서 이상하리만치 안심되는 뭔가가 있었다. 포엥의 새로움은 진보적으로 보였다. 역사의 가정[assumptions]이라는 짐을 지지 않고, 내 개인사의 무게에서도 해방된 것 같았다. 메건 다움은 포엥이 우리 집으로 끌고 들어온 것과 유사한 사실을 관찰하고 이렇게 말했다. "집

안에 그것이 있으니 뭔가 흐뭇했다. 집 자체와는 정반대로 선이 군더더기 없이 깔끔하고 미니멀했다."

일단 이런 반응은 이해가 된다. 흔히 모더니즘 디자인 철학이라고 하면 전통과 감정의 무게에 확실히 방해받지 않는, 기능에 대한 인간 욕구의 합리적인 반응이라고 인식된다. 표면적으로 이상적인 기능성이 물건의 형태와 겉모습을 결정하는 주된 기준이 된다. 이는 일반적으로 하나의 주문呪文, 즉 '형태는 기능을 따른다'로 요약된다. 쓰임새가 가치 서열의 첫 번째 자리를 차지하지 않는다. 위계가 사라졌기 때문이다. 중요한 가치는 오직 형태와 기능뿐이다. 덕분에 디자이너들은 전통적인 양식을 따라야 한다는 부담에서 해방되었다. 의자, 탁자, 벽장 표면을 지나친 장식으로 뒤덮는 특정 방식을 추구할 필요도 없고, 근본 목적에 부합하면서 쓸모 있을 필요도 없었다. 형태를 의자 덮개 밑에 감출 필요도, 아칸서스 잎처럼 꽃문양 같은 덩굴무늬 비슷한 곡선 장식으로 가릴 필요도 없었다.

산출된 디자인들은 대개 미학적으로 미니멀한데, 순수성, 솔직함, 깔끔함에 관한 다른 주장들이 슬쩍 끼어들기도 했다. 건축사학자 스티븐 패리신Steven Parissien은 《인테리어: 1700년 이후의 집》에서 이렇게 서술했다. "1930년대의 스칸디나비아 디자인은 전후 서구 세계에서 인기 있는 주제, 즉 실용성, 유연성, 편리성, 위생, 품위(혹은 유머), 윤리적 책임을 다뤘다." 모더니즘은 미적으로 세련되고 사회적으로 진보적인 하나의 코드가 되기도 했다. 하지만 이러한 연상 작용은 기능 위주의 형태로 만들어진 물건들의 필연적이거나 자동적인 결과는 아니었다.

모더니즘을 지지하는 사람들의 눈에는 전통적인 디자인이 보수적인 감상벽과 연관되거나, 더 노골적으로 말하면 시류에 따르길 꺼리거나 그럴 능력이 없는 구세대가 선호하는 것으로 희화화되었다. 반대로 기능적인 가구는 진보적인 미래의 가구로 보였다. 20세기 중반 더글러스 스넬링 Douglas Snelling 의자가 실린 가구 카탈로그에는 이런 설명이 적혀 있었다. "기계시대에는 생활이 간소화되는 방향으로 나아가므로 그 이점을 현명하게 받아들여야 하며 과거를 따라야 한다고 요구해선 안 된다." 이 카탈로그는 "근대적 기계로 생산된 이 제품"은 "최대한의 안락함과 내구성을 제공하도록 과학적으로 설계되고 구성되었다"며 신흥 기계시대의 기술을 분명히 옹호했다. 기능적인 의자들은 역사라는 짐은 지지 않은 대신 진보에 대한 높은 기대라는 부담을 떠안게 되었다.

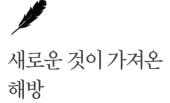

새로운 것이 가져온
해방

미하이 칙센트미하이와 유진 록버그할턴은 이렇게 질문한 바 있다. "1965년 서독 인구의 35퍼센트가 현대적인 스칸디나비아 디자인을 선호한 데 반해 속을 두툼하게 채운 전통적인 가구를 선호한 사람은 7퍼센트에 불과했다. 이 사실이 의미하는 바는 무엇인가?" 많은 사람들이, 그러니까 다섯 명 중 두 명이 앤티크 스타일의 복제품보다는 현대적인 스타일의 커피주전자를 선택했다는 사실은 무엇을 의미할까? 사회적이고 미적인 것의 폐기 신호인가? 새로운 것, 즉 완전히 다른 것에 대한 열렬한 수용인가?

서독 사람들이 스칸디나비아 디자인을 더 많이 받아들이던 그때, 장 보드리야르는 집 안에 있는 물건들의 두 가지 지배적인 시스템, 즉 전통적 시스템과 기능적 시스템에 대해 설명했다. 보드리야르의 주장에 따르면 이 두 시스템은 사람들이 집에서 살아가는 방식을 반영하고, 형성하고, 제약하거나 해방시켰다. 전통적 시스템은 역사

이케아 의자 포엥

적으로 프랑스 중산층 가정과 관련이 있었으나, 기능적인 가구와 자유로운 대인관계에 기초한 새로운 시스템에 길을 내주었다.

보드리야르가 관찰한 바에 따르면 전통적인 중산층 가정은 일반적으로 핵가족의 필요에 따라 가장을 맨 위에 놓는 위계적인 구조에 기초했다. 이러한 가족 구조는 가족관계뿐만 아니라 집의 고정된 배치 및 그로 인해 변하지 않는, 대체로 오래되고 무거운 가구에도 반영되었다. 오늘날에도 많은 주거지가 그렇듯이 전통적으로 집은 사적인 영역이었다. 물건, 의식, 일상에 반영되는 가족 구성원들 간의 관계를 통해 사회로부터 분리되었고 바깥 세계로부터 보호되었다. 특정한 지리적 장소에 고정된 권위적 권력 관계로 이루어진 시스템이었다.

하지만 장소에 묶인 권위적 시스템은 새로이 나타난 '기능적 시스템'에 재빨리 기반을 내주고 물러나게 되었다. 물건의 기능적 시스템은 개인을 공적인 관계와 마찬가지인 장소로부터 해방시켜주겠다고 약속했다. 기능적 시스템의 특징은 유연성, 가벼움, 민첩성이다. 이런 특성들은 벽이나 칸막이를 최소한으로 줄인 오픈플랜open-plan식 설계와 아파트처럼 다른 형태나 용도로 전환 가능한 축소된 공간 안에서 촉진되었다. 보드리야르가 말한 바에 따르면, 기능적 시스템 내에서는 가구 및 의례와 일상 사이의 연관성이 절충될 수 있었고 "쓰임이 더 유연"해졌다. 예를 들면 식탁과 거기서 지켜지던 공식적인 예절은 작은 커피테이블의 약식 행위로 대체되었다. 물건 자체와 마찬가지로 소유주도 더 편안해지고 해방되었으며, 무엇보다 움직임이 더 자유로워졌다. 기능적인 물건은 "오래된 가구의 도덕적이고 과장된 어조"의 주장들로부터 자유롭다. 새로운 시스템 안에서 이런 물건은 보드리야르가 말했듯이 "기능의 자유"를 가진다. "그리고…… 사실상 그것은 물건들이 누리는 유일한 자유다."

모더니즘에서 기능적 시스템은 사회적으로 진보를 표방하는 공적인 얼굴을 갖고 있다. 페미니즘에서 장애인 인권 운동에 이르기까지 더 자주적이고, 덜 관행화되고, 덜 위계적이며 성별에 따른 구분이 덜한 세계를 확고히 지지하는 20세기의 광범위한 사회 해방의 움직임을 여러 측면에서 잘 반영한다. 하지만 물건과 행동 사이의 연결은 이처럼 간단하고 쉬운 게 아니다. 흥미롭게도, 물건의 시스템은 사회적 관계를 전달하고 반영하는 경향이 있는데, 우리는 그 시스템에 근접해서도 이러한 사실을 거의 알아차리지 못하는 경향이 있다.

포엥이 우리 집에 있기 전에는 에드워디언 스타일의 옷장, 마호가니 식탁, 색을 칠한 모조 식민지시대 책상 안에 내포된 가치들을 전혀 인식하지 못했다. 포엥이 오고 나서야 전통적 시스템과 견고함, 취약함, 영속성의 그림자를 볼 수 있었다. 포엥과 대조를 이루면서 무게, 질감, 색깔 등 몇 가지 특징, 특히 무거운 옷장 혹은 정교한 책상의 휘어진 다리들이 눈에 들어왔다. 이유는 달랐지만 옷장과 책상 둘 다 옮기기 힘들게 설계된 물건이었다.

이와 함께 순전히 심미적 선택을 해온 내 습관 안에는 사실 툭 하면 옮기거나 처분하기보다 오래 쓰도록 만들어진 견고한 물건에는 장소와 지속성에 관한 가정이 내포되어 있다는 사실을 깨달았다. 그런 물건들은 사회학자 지그문트 바우만이 말한 "견고한 시간[solid times]"에 걸맞았다. 포엥이 갑자기 가볍게 보였다. 너무 가벼워서 약속을 지키지 못할 수도 있었다. 지나고 보니 전통적 시스템의 존재는 알아보기 쉬운 데 반해, 포엥에 구현된 최근의 기능적 시스템은 자세히 검토되지 못한 경향이 있었다.

수명이 짧은 물건들

모더니즘의 핵심인 기능은 결국 물건이 제 기능을 하고, 고안된 목적을 달성하기에 가장 알맞으며, 특정 목적에 적합하기 때문에 형태가 오래 지속될 거라는 약속이다. 이렇게 물건과 그것을 만든 디자이너(대개 건축가)에게 널리 인정된 규범이 있다는 사실은 물건의 지속성을 보장하는 계약과 흡사하다. 하지만 그런 규범은 지속성을 전혀 보장하지 못한다.

일련의 심미적 원칙과 같이 모더니즘에는 고유한 윤리나 도덕률이 없다. 모더니즘적 물건은 진보적인 디자인의 전형으로서 지속적인 지위를 누리는 듯 보일지 몰라도, 권력 관계와 무관하지는 않다. 런던 디자인 뮤지엄 관장 데얀 수딕Deyan Sudjic이 영국 일간 〈가디언〉에 기고한 글에서 말한 바와 같이 모더니즘 원칙들은 누구나 적용할 수 있다. 예를 들면 크리스토퍼 윌크Christopher Wilk가 런던의 빅토리아 앨버트 박물관에서 개최한 전시 '모더니즘: 1914-1939 신세계를 디자인하다'에는 선도적인 모더니스트였던 루트비히 미스 반데

이케아 의자 포엥

어로에 Ludwig Mies van der Rohe가 1934년 브뤼셀 박람회를 위해 그린, 대중에게 덜 알려진 전시장 스케치 한 점도 포함되었다. 그 스케치는 특별할 것 없는 작업물이었을 수도 있다. 하지만 "나치 깃발인 만자 십자장과 나치 독수리 문장이 들어간 …… 히틀러를 위한" 그 스케치는 모더니즘 운동의 취약성을 드러낸다.

　게다가 모더니즘 디자인은 전통적 형태와 마찬가지로 더 나은 형태로 대체되는 취약성도 있다. 보드리야르는 "새로운 사물이 기능에 적합하면서 동시에 그 기능에 반하는 일도 벌어진다"고 서술했다. 비교적 변하지 않는 물건들도 이러한 과정의 대상이 된다. 스파이크 존즈Spike Jonze가 나오는 유명한 이케아 광고를 보자. 밖에는 비가 내리고 새 작업등 때문에 밀려난 등 하나가 도로 연석 위에 놓여 있다. 오래된 등 위로 비가 내리는데 목소리가 흘러나온다. 작업등은 감정이 없으니 신경 쓰지 말라고. 광고 속 목소리는 새 작업등이 "훨씬 좋다"고 말한다. 하지만 어떤 식으로 더 낫다는 걸까? 이 광고는 후기 자본주의라는 변덕스러운 자유의 실험실에서 물건을 매력적으로 변호하는 순수한 기능성의 한계를 보여준다.

　데얀 수딕Deyan Sudjic이 쓴 글에 따르면, 더 가치 있는 방식으로 물건이 완성되지 않았다면 디자인이 뭔가 잘못된 것이다. 하지만 스파이크 존즈가 나온 광고에서 보듯이 기능적인 성공 혹은 실패가 물건의 가치를 떨어뜨리는 데 반드시 중요한 역할을 하는 것은 아니다. 부분적으로는 연쇄적으로 대량 생산되는 저렴한 물건들의 호환성 때문이다. 이는 대체 불가능하고 유일무이한 물건, 오래되거나 비싼 물건과 똑같은 방식으로 마음을 쓰거나 걱정할 필요가 없다는 뜻이다. 게다가 거의 구별이 안 되는 또 다른 물건을 찾을 수 있다는 사실을 알면 안심하게 된다. 예컨대 포엥에는 특별하거나 귀중한 것이 전혀 없다. 부서지면 쉽게 다른 것으로 대체할 수 있다. 미국 잡지 《뉴요커》에 기고하는 로런 콜린스Lauren Collins가 '이케아가 집 안의 수명을 단축시킨다'는 글을 쓴 이유도 바로 이 때문이다. 하지만 단지 가격 때문에 수명이 짧은 가구가 만들어지는 것은 아니다. 우리는 가구가 평생 가지는 않으리라는 새로운 '계약'을 받아들였다. 《완벽한 가격》의 저자 엘런 러펠 셸Ellen Ruppel Shell은 이렇게 주장한다. "어쩌면 우리는 물건이 영원히 가는 걸 원치 않는지도 모른다. 물건의 쉬운 탄생과 죽음을 기대하고, 심지어 대단히 즐기면서 성장했다."

하지만 광범위한 환경적·경제적 결과를 무시한 채 이 계약을 기꺼이 붙들고 있어야 하는 것은 결코 아니다. 집안의 가보를 거부한 사람은 단순히 보드리야르가 전통적 시스템이라고 한 것에 등을 돌리고 기능적 시스템을 받아들인 게 아니다. 대체하는 쪽으로 자신을 조금씩 몰고 가는 시스템, 일반적으로 '진보'와 '기능'을 추구하게 만드는 결심을 수용한 것이기도 하다. 그런데 이런 행동은 마지못해서 할 수도 있고, 저어도 처음과 달리 혼합된 형태로 나타날 수두 있다. 소셜 미디어의 끊임없는 피드feed에 대해 이야기하는 정신분석가 애덤 필립스Adam Phillips는 우리가 섭취하고 있는 것을 "강제 급식"에 비유한다. 식욕에 어떤 작용을 하는지도 모르는 채 잔뜩 먹는다는 것이다. 필립스의 주장은 더 많은 물건, 새로운 물건을 갖고 싶은 욕구에 대한 설명으로 유익하게 확장될 수 있다. 필립스는 이렇게 서술했다. "소화시키지 않고도 소비할 수 있다는, 마치 과정이 아예 없는 것처럼 삼키지 않고도 먹을 수 있다는 이상하고 마법 같은 생각이 존재한다." 이런 의미에서 보면 기능적인 물건에 얄팍하고 유연한 애착을 가지면서 해방된 안도감을 느끼는 것을 적어도 부분적으로는 이해할 수 있다. 숙청 작업의 준비 과정, 다음에 올 것을 위해 자리를 내주기 위한 준비 과정인 것이다. 그렇다면 새롭고 저렴한 기능적 가구에서 발견되는 것은 어떤 종류의 해방일까?

액체시대

이케아가 '인생 의자'인 포엥의 첫 번째 버전을 출시하고 나서 2년 뒤 연구자 두 명이 미국의 여러 가정을 대상으로 가장 중요한 소유물이 무엇인지를 조사했다. 의자, 소파, 탁자 두 일반적으로 가정에서 쓰는 가구가 어급되었는데, 그 가구들이 특별한 이유는 638가지나 되었다. 연구를 진행한 미하이 칙센트미하이와 유진 록버그할턴은 《사물의 의미》에서 대개 가정에서 쓰는 가구는 집에 있는 듯 편안하고 안정된 기분을 느끼게 한다고 결론지었다. 거의 40년이 지난 지금, 가정과 직장생활의 안정성은 당연시될 수 없는 상태가 되었다. 물건과 마찬가지로 지속적인 안정성은 많은 이들에게 이제 현실이라기보다는 추억일 뿐이다.

바우만이 《모두스 비벤디: 유동하는 세계의 지옥과 유토피아》에서 주장한 바에 따르면, 현대의 주된 미덕은 기능이 아니라 유연성이다. 유연성과 함께 사람들에게 많이 회자되는 동의어인 '민첩성'과 '포지서닝'은 여러 주장을 역동적이고 낙관적으로 만들지만, 본질

이케아 의자 포엥

적으로는 행동하고, 이동하고, 자기 자신을 재빠르게 바꿀 준비를 하는 것으로 요약된다. 바우만의 주장은 20세기 중반 안정적인 고체시대에서 21세기 초 세계화된 자본주의의 액체시대로의 변화를 가장 잘 설명한다. 바우만은 이렇게 서술했다. "개개인에게 가장 이익이 되는 미덕은 (어쨌든 극히 드문, 그리고 대개 서로 모순되는) 규칙에 대한 순응이 아니라 **유연성**이다. 예고 없이 전략과 스타일을 바꿀 준비가 되어 있는 것, 후회 없이 약속과 충성심을 버릴 준비가 되어 있는 것."

작가이자 도자기 예술가인 에드먼드 드 월의 주장에 따르면, 우리가 어찌할 수 없는 가속도는 "끊임없이 세상으로 쏟아져 나오는 물건들"의 한 부분이다. 예를 들면 모든 것을 아우르는 유연성은 물질적인 세계뿐만 아니라 개인의 행동, 그리고 노동에 대한 기대의 영역으로까지 확장된다. 유연성은 사람과 장소에 대한 장기적인 재정적·정서적 투자의 철수만큼이나 장기적인 숙고와 안정성으로부터의 후퇴에도 반영된다. 유연성의 논리는 우리의 행동 방식을 완전히 좌우하지는 않더라도 그 틀 속에 끼워 넣는다.

기능적 시스템이 완전히 우리 자신의 것이 될 가능성은 낮다. 하지만 우리는 기능적 시스템 안에 내포된 가치를 알아보고 그 시스템이 주는 이점들을 숙고해볼 수 있다. 중요한 것은 얄팍한 물질적 약속은 적절한 지원 조건에 따라 받아들여지지 않을 수도 있다는 사실이다. 전하는 바에 따르면 이케아 설립자 잉바르 캄프라드Ingvar Kamprad는 똑같은 포엥 의자를 수십 년 동안 사용했다고 한다. 세계에서 네 번째로 부유한 이 남자는 2006년 영국 일간 〈가디언〉과의 인터뷰에서 이렇게 말했다. "나는 32년 동안 그 의자를 갖고 있었어요. 아내는 다른 의자를 써야 한다고 했어요. 세월이 흐르면서 더러워졌거든요. 하지만 엄밀히 말하자면 그 의자는 새것만큼 좋아요." 캄프라드는 의자를 교체하거나 업그레이드할 계획이 전혀 없었다. 그러나 부유한 캄프라드 씨는 여러모로 예외적인 경우다.

불완전한 제물

나의 포엥은 카탈로그에 나온 것과 똑같았다. 전시장에서 테스트해본 포엥과 똑같이 편안하고 기능적이었다. 적어도 나에겐. 하지만 얼마 안 가 나보다 키가 몇 센티미터 큰, 몸이 불편한 남편에게는 의도대로 작용하지 않는다는 사실을 깨달았다. 남편은 몇 번이고 계속 시도해봤지만 편안해지지 못했다. 머리 받침대가 정확히 남편의 목 부분에 닿았다(나중에 알고 보니 이는 온라인 후기에 자주 올라오는 포엥에 대한 불만 사항이었다). 우리는 실패를 인정했다. 그는 포엥에 맞지 않을 테고, 적응하지 못할 터였다. 그 남자는 놀랍게도 '저기 어딘가에' 해결책이 있으리라는 생각을 재빨리 버렸다. 대신에 오래되고 무거운 의자에 쿠션을 이리저리 놓아서 임시로 해결책을 만들어냈다. 과거에는 고마운 줄 몰랐던 일종의 홈메이드 해결책이었다.

내가 찾은 순전히 기능적인 해결책은 실패하고 말았다. 남편은 쉬면서 회복했다. 그리고 나는 그다지 원하지 않았던 물건과 함께 남겨졌다. 물론 재빨리 그 의자를 다른 물건들 틈으로 돌려보낼 수 있었다. 하지만 근심걱정으로 에너지를 낭비하는 바람에 축 늘어진 나는 의자를 분해해서 반품하는 과제를 다음으로 미뤘다. 그게 거의 10년 전 일이다. 포엥은 여전히 우리 가족과 함께 있다. 세월이 흐르면서 쿠션이 해어지긴 했지만 싫증나지는 않았다.

이케아 효과였을까? 관성이었을까? 아니면 공포에서 벗어나려고 구입한 물건에 대한 지나친(어떤 이들은 '병적인'이라고 할지도 모르는) 책임감이었을까? 거의 10년을 지내오는 동안 딱 이것 때문이다, 라고 자신 있게 말할 수가 없었다. 어느 순간, 아마도 한밤중이었을 거다. 첫째 아이를 다시 재우려고 포엥에 눕히고 살살 흔들고 있을 때였다. 나는 포엥을 갖고 있는 것을 그것에 대한 나의 반응, 즉 오직 내 자의로 선택한 것이 아닌 게 분명한 기능적인 물건에 대한 반응을 자세히 알아보는 기회로 삼았다. 포엥은 본래 목적을 상실했다. 하지만 그래서 뭐? 여전히 그 평범함에는 움찔하면서 놀란다. 하지만 내가 갖고 있던 가정假定과 습관의 유익한 충돌을 가능케 했다. 그리고 여러 가지 용도로 쓰이는 의자가 되었다. 낮은 팔걸이를 흔들어서 아기를 달랠 때 쓰는 의자, 내가 아플 때는 허약한 육신을 요람처럼 포근히 안아주고 위안을 주는 회복용 의자, 지금은 마인크래프트Minecraft를 하는 십대 초반 청소년이 된 그 아이의 게임용 의자.

전체적인 가치 체계에 따르면 포엥을 계속 갖고 있지 않는 쪽에 무게를 두게 될 것이다. 나는 포엥을 사용할 생각이었다. 기능을 다 한다면, 그러니까 내 목적에 도움이 된다면 그냥 둘 작정이었다. 그 런데 목적을 제한하는 생각은 무엇일까? 모든 물건이 오래되고 튼튼 하거나 혹은 새롭지만 쉽게 버릴 수 있거나, 둘 중 하나일 필요는 없 다. 우리는 선택할 수 있다. 충돌하는 상호작용과 더불어 살아갈 수 있고, 어느 한 가지로 대변되는 우월성을 거부할 수 있다. 평범하고 기능적인 것도 괜찮다.

벨벳 재킷

The Velvet Jacket

지금 수중에 있는 물건이 미래 계획 혹은 미래 모습에 대한 기대와 밀접히 관련된다면, 자신을 고유하게 만들어가는 연속적인 계획의 일부라면, 인격은 이런 기대의 실현에 좌우된다.

_마거릿 라딘Margaret Radin, 《소유의 재해석》

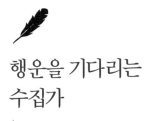

행운을 기다리는
수집가

"뜻밖의 발견."

"우연한 행운."

"기분 좋은 놀라움."

초여름의 어느 날, 누군가 왜 또 중고 가게를 둘러보는지 물어
본다면 내가 할 만한 대답들이다. 하지만 이 가운데 어떤 것도 그
다지 정확하진 않다. 행운이 오기를 바랐지만 우연히 그곳에 있었
던 건 아니다. 대다수 중고 가게 마니아들처럼 나도 경험상 그 가게
가 시간을 내어 잠깐 들여다볼 가치가 있다는 것을 알았다. 넘쳐나
는 물건들 틈에서 내 인생에 영향을 줄 수도 있는 뭔가를 찾을 가능
성이 있었다. 인정한다. 내가 중고 가게가 선사하는 그 가능성이라는
것에 어느 정도 중독된 상태라는 걸. 쓸모없어서 버려진 뭔가를 발
견하기를, 그래서 내게 가치 있는 뭔가로 완전히 탈바꿈시키기를 고
대했다. 그날 토요일 아침, 다른 부품사냥꾼들처럼 나 역시 어수선한

벨벳 재킷

옆 통로를 돌자마자 뭐라도 마주칠 것 같은 예감이 들었다.

20년 가까이 여러 중고 가게가 예상과 기대를 부채질했다. 창문 안을 기웃거리며 '이곳에서 뭘 찾게 될까?' 생각했다. 소매점을 탐험하는 평범한 사람들이 이와 비슷한 감정을 느낄지는 의문이다. 뚜렷한 필요성에 따라 움직이는 경우는 거의 없다. 중고 가게에서는 우연이 더 크게 작용한다. 얼마나 잘 정리되어 있는지는 차치하고, 치수가 맞는 셔츠를 찾거나 원하는 색깔의 그릇이 필요한 수만큼 있을 가능성은 거의 없다. 점점 더 표준화되고 저렴한 물건들이 마구 쏟아져 나오고 있지만 이러한 탐색은 일반적인 소매점 쇼핑과 달리 도박과 훨씬 더 비슷해 보인다.

아주 오래된 좀약 냄새, 초극세사 양복감의 감촉, 그리고 죽은 사람들이 쓰던 물건도 있다는 다소 찝찝한 생각보다 더 중요한 건 우연의 기운이다. 어쩌면 실제보다 더 걱정해야 할지도 모르지만 우연한 발견이라는 약속은 대단히 강력하다. 나는 실패에도 굴하지 않고 고집스러운 탐색을 이어갔다. 어느 날 그저 단순하게 운 좋은 발견을 하는 게 아니라 늘 찾고 있던 것, 바로 완벽한 벨벳 재킷을 찾게 되리라 기대했다.

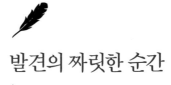

발견의 짜릿한 순간

나는 거기 있을 만하지 않은 뭔가를, 그러니까 벨벳에서 느껴지는 독특한 저항력을 찾아내려고 조바심 내며 재빨리 두 손으로 선반을 훑어 내려갔다. 더 정확히 말하면 몸에 꼭 맞는 갈색 벨벳 블레이저를 찾고 있었다. 거의 20년 동안 길을 가다 지나치는 모든 중고 가게를 빠짐없이 둘러봤지만 성공 예감은 낮았다. 그래도 탐색을 멈추지 않았다. 그것은 모험 여행, 다시 말해 은밀한 중고 가게 도전이 되었다.

그날 나는 가게를 둘러보는 사람 특유의 호기심을 한껏 채우는 호사를 누릴 수 없었다. 분주한 가게 안의 소리와 냄새 때문에 내게 기대어 얕은 잠에 빠진 생후 일주일 된 딸아이가 깨려고 했다. 딸이 깰락 말락 하면서 코를 훌쩍이는 순간 나 자신을 나무랐다. 분별 있는 사람이라면 아이가 제대로 잠들 때까지 기다렸을 것이다. 아니, 애초에 위험을 무릅쓰고 그 가게에 들어가지도 않았을 것이다. 하지만 탐색은 결코 분별 있는 행동이라 볼 수 없었다. 갈망하는 물건에

127   벨벳 재킷

대한 생각을 어떻게 뿌리칠 수 있겠는가.

'나쁜 엄마'라는 자기비난의 한가운데에 있던 그때 예상치 못한 일이 벌어졌다. 뇌가 인식하기도 전에 나는 선반을 가르고 갈색 벨벳으로 만든 뭔가를 잡아 뺐다. 그냥 흔하디흔한, 퀴퀴한 곰팡내 나는 해진 벨벳 재킷이 아니었다. 완벽하게 보존된 맞춤 블레이저였다. 좀 오래되고 좀약 냄새가 지독하긴 했지만. 갈색 벨벳이 가게 형광등 아래서 반짝였다. 고작 8달러(약 6,000원). 하지만 나는 망설였다. 선뜻 집에 들일 수가 없었다. 남편에게 전화를 걸었더니 흔쾌히 사라고 했다. 나는 계산대에서 값을 치른 뒤 밖으로 나갔다. 한여름 오후였다.

집에 도착해서 아이를 아기침대에 누인 뒤 재킷을 입어보았다. 그 순간 문제가 시작되었다. 재킷은 아직 맞지 않았다. 출산 직후였으니까. 하지만 언젠가는 맞으리라고 자신했다. 문제는 그게 아니었다. 왠지 모르겠지만 나는 오랫동안 갈망하던 그 물건에 실망했다. 이제야 마침내 중고 가게의 신神들이 내게 미소를 지었는데, 그 재킷은 그냥 재킷일 뿐이었다. 나는 내가 미래에 만나기를 기대한 그런 사람이 아니었다. 마음속에서 한때 희망의 불꽃이 피어오르던 자리에 후회 비슷한 감정이 들어앉았다. 단순히 재킷에 관한 문제가 아닌 게 분명했다. 갈망하던 물건을 소유하면 무슨 일이 일어나리라고 기대한 걸까?

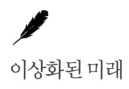

이상화된 미래

그것은 내가 갖지 못한 것, 어쩌면 결코 가질 수 없는 것, 바로 자유롭고 세련되면서 시크한 사람이 되고자 하는 소망이었다. 지위, 부, 사회적 이동성을 추구하는 선진국들의 흥기하적인 야심만만한 열망에 비하면 겸손한 수준이다(이미 이런 열망에 물들긴 했지만). 벨벳 재킷처럼, 간절히 기다리지만 손에 넣기 힘든 물건은 보통 한동안 멀리서 갈망하게 된다. 비싸거나 희귀할 수도 있지만 늘 그런 건 아니다. 벨벳 재킷처럼, 그냥 단순히 발견하기 어려울 때도 있다. 인류학자 그랜트 매크래컨 Grant McCracken 이 주장하듯이 물건을 소유하고 싶어 하는 마음에 깔린 기본적인 소망은 대개 그런 게 아니다. 이런 종류의 물건은 마음속에서 내가 누구인지, 어떤 사람이 되고 싶은지 얘기해준다. 충분히 이해하기 쉬운 개념이다. 즉 간절히 원하는 물건은 이상적인 미래를 떠올리게 한다.

바라는 물건을 찾을 수 있다는 낙관주의는 인생에 대해 품는 여러 희망과 뒤얽히게 된다. 매크래컨은 이렇게 서술했다. "소비자는 마침내 성취감을 느끼고, 만족스럽고 충만한 삶을 기대한다." 작가 리베카 솔닛도 끊임없이 실내 장식을 하는 것에 대해 유사한 주장을 편다. 솔닛은 집 꾸미기를 단순히 지루함이나 사소한 문제가 아니라 희망에 대한 근원적인 표현이라고 봤다. "모든 게 괜찮아질 거라는 희망, 사랑받으리라는 희망, 혼자가 되지 않으리라는 희망, …… 인생이 질서정연하고 품위 있고 정돈되고 일관성 있으며 안전하리라는 희망."

사람들이 마음속으로 원하는 물건은 초라하고 힘든 현재의 세계와 일단 그 물건을 갖기만 하면 영위하게 될 이상화된 미래 사이를 단단히 이어줄 수 있다. 물건의 견고함과 형태감은 도달할 수 없는 개인적 상태를 대신하게 된다. 이상화된 미래가 가능해 보이도록 만드는 것이다. 이상이 여전히 흐릿하고 분열되고 특유의 상태로 남아 있더라도 물건이 지닌 물성物性이 이상에 약간의 형태감을 부여한다. 매크래컨은 "물건들은 사물의 고유한 본질을 통해 그러한 본질을 암시하거나 분명하게 보여주는 미덕이 있다"고 설명한다. 이것은 마법과도 같은 생각이다. 매크래컨은 이를 두고 "상식에 대한 독특한 인식론"이라고 말한다. 이러한 사고 안에서는 단단한 물건의 존재가 이상적인 삶에 대한 실증적인 증거로 사용된다. 물건이 존재하는 것처럼 원하는 삶 역시 **정말로** 존재한다는 것이다. 지금 당장 그 물건을 갖고 있지 않더라도.

이런 생각을 받아들이지 않는 사람일지라도, 갈망하는 물건은 완벽한 진짜 미래의 모습, 즉 미래의 특정한 시점 혹은 다양한 일련의 상황들 속에서 더 충실한 자아상의 형태를 강력하게 환기시켜 줄 수 있다. 이 경우 어떤 사람이 될지 혹은 무엇이 될지 결정해야 하는 부담이 없어진다. "나는 어떤 사람이 될 것인가?"라는 질문에 "벨벳 재킷을 입은 사람"이라는, 인생을 단순화한 대답이 뒤따르게 된다. 일상적으로 마주하는 복잡한 자유, 야망, 다른 이들에 대한 책임감, 의미나 목적을 찾아야 한다는 부담감에서 벗어난다. 갈망하는 물건은 그 물건의 주인이 되는 것 외에 다른 어떤 것이 되어야 한다는 부담감을 제거해주겠다는 약속이다.

하지만 바라던 물건을 소유하는 것이 바라는 인생을 위한 디딤돌이 되는 경우는 거의 없다. 오히려 리베카 솔닛이 에세이 〈인사이드 아웃, 실내 공간(그리고 실내 장식)〉에서 정곡을 찌르면서 지적한, 정교한 미루기의 형태로 바뀌기 일쑤다. 갈망하는 물건을 소유하겠다는 꿈은 "소망하는 삶을 시작하기 위해 영원히 연기된 예비 단계"가 된다. 오지도 않은 손님을 위해 방 정리를 하는 격이다.

벨벳 재킷

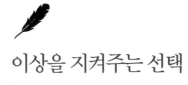

이상을 지켜주는 선택

갈망하는 물건에는 정서적 특성과 특정 상황이 결합되어 있다. 물건은 꿈과 환상이 머무는 안전한 장소다. 물건을 통해 이상과 열망을 추구해갈 수 있다. "어떻게 살아야 하지?"라는 되풀이되는 질문에 잠정적인 답을 제공해줄 수도 있다.

바라는 물건은 이상을 투영하는 완벽한 매개체다. 무생물이기 때문에 정신적 투영을 거부할 수 없다. 물건을 찾아다니고 고르는 행위가 실제로 자아를 자유롭게 한다는 믿음이 강화된다. 쇼핑은 선택에 대한 환상을 만들어낸다. 사회학자 존 캐럴John Carroll은 《자아와 영혼: 의미를 찾아 나선 근대 서구》에서 "이때 자신의 운명을 지배한다고 믿을 수 있다"라고 주장한다. "자기 자신을 만들어라, 인생을 바꿔라." 이런 환상은 불확실한 시대에 자신이 통제력을 장악하고 있다고 실제로 믿게 만든다.

구입한 물건이 우리를 비웃거나 부정하지는 않을 것이다. 철학자 수전 니먼Susan Neiman은 《왜 철이 들어야 하죠?》에서 이렇게 말한다. "종종 우리가 다른 불편함보다 당혹감을 더 두려워하는 건 당황스럽지만 사실이다." 물건이 우리더러 더 현실적이어야 한다고, 사실을 직면하거나 결과에 초점을 맞추라고 요구하지는 않을 것이다. 상징, 버팀목, 뭔가를 떠올리는 물건으로서, 검토만 하다가 시들어버릴 것 같은 은밀한 야망을 키워준다.

좋은 생각을 떠올리게 하는 물건은 잠재적으로 자기 자신과의 정교한 대화, 즉 이제 막 날기 시작한 희망을 보호하고 목표를 발전시키는 대화의 일부가 된다. 하지만 이 경우 개인적인 환상으로의 후퇴라는 위험 부담이 따른다. 개인적인 환상 속에서 물건은 인생의 고통을 피할 수 있게 해주는 보상이 된다. 갈망하는 물건은 무엇이든 상상하는 삶으로 이어지는 다리가 될 수 있지만, 사적인 투영의 안전한 저장소로 남아 있으려면 **그저** 손이 닿지 않는 곳에 계속 있어야 한다. 이게 바로 갈망하는 물건이 일반적으로 구입할 수 있는 범위 너머에, 어떤 경우에는 유일무이하거나 희귀한, 혹은 내 경우에는 극도로 발견하기 어려운 상태로 존재하는 이유다.

일반적으로, 갈망하는 소비는 부서지기 쉽지만 희망에 찬 미래의 파편들을 가혹한 현실의 빛으로부터 보호하면서 떠올리게 한다. 멀리서 갈망하는 것이 핵심이다. 이 전략은 바라던 물건을 소유하는 미래처럼 또 다른 시간을 제거함으로써 이상을 보호한다. 물건을 가질 수 있을 듯 말 듯 하게 함으로써 백일몽과 현실 사이의 간극 때문

벨벳 재킷

에 느낄 좌절감으로부터 스스로를 보호한다.

내 경우에는 이 과정이 우연히 시작됐던 것 같다. 존재 여부도 모르는 블레이저 한 벌에 대한 탐색이 물질적으로 확장되면서 내가 인생을 바라보는 방식, 즉 인생의 우연성에 대한 것으로 확대되었다. 나는 열심히 일했고 성과도 이뤘지만 계획이라는 게 지도를 따라가지 않는다는 사실을 금세 알아챘다. 재킷을 찾는 과정에서의 우연성을 가능성, 개연성, 행복한 우연의 일치라는 이름으로 바꿔 부를 수도 있을 것이다. 제니 디스키Jenny Diski는 자신의 쇼핑 의식에 대해 이렇게 말했다. "이것은 운명이다. 나는 그것을 찾아냈고, 그것은 나를 찾아냈다. …… 내가 입을 운명이었던 그 옷을 갖게 됐다." 지나고 나서 보니 재킷을 찾아내겠다는 희망은 자기보호라는 정교한 건축물의 일부, 바로 불확실성에 맞서는 집요한 희망이었다.

이제 와서 보면 나는 두 가지 결과를 모두 예상했던 것 같다. 한 편으로는 실제로 재킷을 찾아내리라는 것, 다른 한편으로는 결코 재킷을 찾아내지 못하리라는 것.

엄습해온 실망감

벨벳 재킷을 손에 넣었지만 나는 이해하기 힘들 정도로 실망했다. 구매 후 찾아오는 실망감은 상당히 흔한 감정이다. 그런데 그 재킷의 경우 실망감이 그 어느 때보다도 훨씬 심했다. 확실히 해두자면, 그 재킷은 내가 기대했던 딱 그런 재킷이었다. 그런데도 예상한 대로 나를 만족시키지도, 나를 완벽하게 만들지도 못했다. 나는 재킷을 탓하고 싶었다. 이를테면 "바라던 만큼 좋지는 않네"라거나 "내 취향이 성숙해졌어"라는 식으로 말이다. 이 중에 맞는 말은 하나도 없다. 나는 기분이 달라지리라고, 더욱 온전해지는 기분일 거라고 단순히 상상했다. 그런데 내가 바뀌지 않으니 실패자가 된 기분이었다.

매크래컨의 설명에 따르면 내 경우는 전형적인 사례라고 할 수 있다. 미래의 모습으로 이어지는 물질적인 다리가 붕괴되었다. 이상이라는 것이 기껏해야 모호한 파편들이자 앞질러간 감정일지라도 그런 이상을 이어줄 수 있는 구체적인 물건을 갖게 되었다. 하지만

벨벳 재킷

재킷이 자아의 수수께끼를 풀어주지는 않았다. 나는 예전과 다름없이 익숙한 의문과 모순되는 감정이 고스란히 남아 있는 사람이었다. 달라진 미래를 꿈꾸던 자리에 달랑 중고 옷 한 벌만 남았다. 좀약 냄새와 실망이라는 감정이 공기 중에 자욱했다.

실제로 아무것도 바뀌지 않았다. 재킷이 떠올리게 한 감정들이 더는 존재하지 않는다는 것 빼고는. 이제는 알 수 있다. 인생의 어려움에 직면하여 희망을 이어가기 위해 의지했던 그 마법 같은 생각들을. 나는 좌절감, 혼란스러움, 실망감을 느끼면서 재킷을 원래 들어 있던 평범한 쇼핑백에 도로 집어넣은 뒤 어두컴컴한 옷장 구석으로 휙 던져버렸다. 이 같은 순간에 대해서는 그랜트 매크래컨의 설명이 옳을 것 같다. "대체된 의미로 이어지는 다리 역할을 한 물건들을 모두 구입한 뒤에도 이상이 여전히 실현되지 않은 상태라는 것을 알게 된다. 그 순간 인생도 바꿀 수 없는 것이 되어버린다."

허공에 지은 성이 실망감 때문에 무너진 경우 어떻게 하느냐가 중요하다. 낙관적인 환상을 산산조각 낸 물건을 숨기는 행동은 실망스러운 구입으로 고통스러울 때 보이는 흔한 반응이다. 자기보호 전략에는 이 외에도 앞서 내가 그랬듯이 안락한 미래를 구현하지 못한 것을 두고 물건 탓하기, 물건을 일시적인 지위, 그러니까 '진짜' 원하는 것을 위한 한낱 디딤돌에 불과한 것으로 강등시키기 등이 있다. 훨씬 앞서가는 소비를 통한 기분 전환 혹은 원래의 환상을 부활시킬 것들을 찾아 또다시 보물 사냥을 하러 중고 가게로 돌아가는 사람도 있을 것이다. 제니 디스키는 "어째서 다음 번 사이렌의 노래가 들려오면 마지막에 구입한 물건이 왠지 모르게 아닌 것 같다는 생각이 들게 되는지"환기시키면서 "어떤 물건이 어딘가에서 날 기다리고 있을 거라는 속삭임이 내면의 귓가에 들리는 듯하다"고 했다.

디스키의 설명은 드물게 솔직한 경우지만 그렇다고 놀랄 만한 일은 아니다. 사회학자 존 캐럴은 쇼핑몰에 가끔 가는 것 자체가 꼭 문제가 되는 건 아니라고 지적한다. "현실 도피라는 꿈을 좀 꾼다고 해서 잘못될 건 전혀 없다. …… 문제는 …… 소소한 기분 전환과 가벼운 진통제 역할 이상을 요구하는 경우 즉 인생에 의미를 부여하도록 요구하는 경우에 발생한다." 고급 물건을 소유하면 어느 정도 주목받고 싶은 욕구, 회원 자격이나 권력에 대한 욕구가 충족될 수도 있다. 하지만 캐럴이 보기에 가장 중요한 문제는 그런 물건이 반드시 인생에 의미를 부여하거나 비물질적인 목표를 성취하도록 도와주지는 않는다는 점이다. 캐럴의 주장에 따르면 물질적 소유물이 "깊숙한 곳의 욕망을 채워주는" 경우는 드물다. 어릴 때부터 그런 것 없이 지낸 사람들을 제외하고는.

캐럴은 이렇게 주장한다. "소유물은 어떤 본질적인 소망에도 답하지 않고, 행복의 뿌리에 물을 주지도 않는다." 소유는 본질적으로 수동적이기 때문이다. 다시 말해 소유는 하는 것이라기보다는 갖는

벨벳 재킷

것에 관한 것이다. 간단히 말해서 단독으로 뭔가를 할 수 있는 물건은 하나도 없다. 캐럴의 주장에 따르면 물질적 소비는 기껏해야 대체물의 만족, 궁극적으로는 중요한 물건을 갖고 싶다는 소망을 위한 임시방편을 제공한다. 쇼핑은 쉽고 습관적이며 일시적인 해법이 될 수는 있지만 어두컴컴한 옷장 구석에 숨겨둔 쓸모없는 물건들만 남긴 채 개인적인 실망감을 미뤄두거나 더욱 악화시킬 수 있다. 다행히도 우리에게는 물건에는 없는 게 있다. 바로 심사숙고한 뒤 다르게 행동하는 능력이다.

전기傳記적 물건

물건 구입에 실패하면 치워버리는 게
흔한 반응이지만 물질적 실망감의 자연스러운 결론 같은 건 없다.
옷장의 어둠 속에 재킷을 숨기지 않아도 되었다. 그러는 대신 왜 그
재킷이 실존적으로 막다른 지경에 이르렀는지 알아내기 위해 나 자
신에게 따져 물을 수도 있었다. 실패를 피해 다니고, 원해서 샀다가
나중에 버리는 악순환에 빠지는 대신 실패한 물건들을 탐구할 수 있
다. 우선 이상적인 물건으로 나를 이끈 흐릿한 미래의 모습은 어떤
것이었을까?

이 질문에 대답하는 게 쉬웠다면 대부분의 사람들이 이미 해치
웠을 것이다. 나는 자기 자신과 관련해서 불분명한 것을 밝혀내는
빠르고 편리한 방법이 있다고 확신하지 못하겠다. 햇빛 쨍쨍한 날
창문에 비춘 종이처럼 투명할 수 있다면 좋겠지만 말이다. 미술사가
알렉산더 나겔Alexander Nagel은 《옷 입은 여자들》에서 그와 같은 명확
싱과 자기인식은 실현 불가능한 '스디일'인데, 그것은 객관적으로 알

벨벳 재킷

게 된다기보다는 느낌으로 아는 상태라고 주장한다. 그는 이렇게 말했다. "스타일은 성격[character]과 육체 사이에 최소한의 구분을 느끼는 상태인 것 같다. 스타일이 일종의 갑옷이라는 것은 의문의 여지가 없다."

스타일 하면 대중 앞에서 자신을 표현하는 것이 떠오르지만, 제니 디스키는 '완벽한 옷'에 대한 탐색을 정확한 정의[definition]를 찾기 위한 훨씬 더 사적인 추구로 설명한다. "나는 가게들을 죽 추적하면서 다시 한 번 마음속에서 내적 정의와 외적 정의 사이의 좁은 경계 위에 완벽하게 균형을 이룬 옷 한 벌을 발견한다." 완벽함이라는 단어는 디스키가 자기 피부처럼 편안하게 느껴지는, 우아한 물건에 관한 감각을 설명하려고 사용한 것이 아니다. 그 말은 그녀가 추구하고자 하는 것에 가까워 보인다. 즉 그녀의 '내적·외적 정의'가 균형을 이루거나 조화를 이룰 때 부분적으로 해결된다. "일일이 설명할 것 없이 그것은 완벽한 옷차림에 대한 하나의 이미지다. 내 살갗이 나 자신과 세계 사이의 경계를 규정하듯 '자, 이게 나예요'하고 최종적으로 나를 정의하면서 내 형체 뒤로 슬그머니 올라와 외형 위로 늘어뜨려지는 이미지다."

디스키가 설명한 것과 내가 추구한 것은 정신분석가 D. W. 위니콧이 설명한 '참 자기[true self]와 거짓 자기[false self]' 문제의 변종으로 보인다. 진짜인, 참된 혹은 핵심적인 자기 존재에 대한 발상은 수년간 비판받았지만, 대다수 사람들은 이 용어를 직관적으로 받아들인다. 참 자기와 거짓 자기의 뚜렷한 차이는 우리가 영원히 똑같은 상태로 있을 리가 없음을 의식하는 것뿐만 아니라 어린 시절에 학습한 사회적으로 용인되는 공적인 얼굴과 무대 뒤 모습 사이의 간극을 정확히 포착한다. 오래가는 것은 무엇이고 필수적인 것은 무엇인가? 위니콧은 이것을 함께 품고 살아야 하는 개인적인 문제로 보았다. 시간이 흐르고 성숙해지면서 "진퇴양난에 빠져 세월이 흐르고 흐른 뒤 갑자기 잠에서 깨어나 그 야수가 유니콘이었다는 사실을 발견"할 때 발전할 수 있다는 것이다.

서수에 대한 약속과 자기인식의 한계에도 불구하고 우리를 실망시킨 물건은 이상화된 자아와 감성이 어디에 있는지에 대한 실마리를 제공할 수 있다. 예를 들면 이런 질문을 해볼 수 있다. 왜 다른 물건이 아니라 **이** 물건인가? 그런 물건의 특성은 무엇이고, 그 특성은 나에게 무슨 얘기를 하는가? 인류학자 재닛 호스킨스는 실제로 인생에는 물건을 사용하는 두 가지 중요한 방식이 있다고 설명한다. "공공재 소비자들은 물건을 구입하면 분산되고 해체되며, 공공재를 자기인식을 위한 서술 과정의 일부로 사용하지 않는다." 이러한 공공(혹은 '프로토콜') 물건들은 특정 개인과 관계가 없는 상태로 존재한다. 이와 반대로 어떤 물건들은 우리가 "개성을 …… 발휘하고 개성에 반영"함으로써 "전기적[biographical] 물건"이 되어 인생에서 친밀성을 획득하기도 한다. 본질적으로 한때 갈망하던 물건은 하나의 질문이다. 그 물건은 스스로 잘 아는 현재의 나와 아직은 모르지만 되고 싶은 나 사이에 있다. 즉 내면의 고뇌가 겉으로 드러난 표현인 것이다.

흐릿한 꿈

버지니아 울프의 소설 《올랜도》에는 이런 내용이 나온다. "헛되고 하찮게 보일지라도 의복은 단순히 몸을 따뜻하게 해주는 것 이상의 중요한 구실을 한다. 의복은 우리의 세상을 바꾸고 세계가 우리를 보는 눈도 변화시킨다." 며칠 동안 벨벳 재킷을 안 보이는 곳에 보관하고서 못 본 체하려고 했다. 하지만 한창 다른 일을 하는 동안에도 불쑥불쑥 생각이 났다. 재킷이 옷장 뒤쪽에 숨어 있다는 사실이 떠올랐다. 내가 느낀 실망감이 기억났다. 그 감정을 설명하지 못하는 나의 무능함으로 인한 좌절감이 되살아났다. 나 자신에 대해 지속되고 있던 관점이 무엇 때문에 바뀌었을까? 세상의 다른 곳에서는 발견할 수 없으리라 여겼던 감성은 대체 무엇이었을까?

어느 화창한 날, 그 감성을 되찾아왔다. 쇼핑백에서 벨벳 재킷을 꺼냈다. 좀약 냄새가 심하게 났다. 나는 조바심을 내며 구글로 벨벳 세탁법을 검색했다. 그러나 스스로 그 진지함에 찔러버린 나

143   벨벳 재킷

는 세탁법을 무시하기로 했다. 세탁기 속 차가운 물에 사과 향이 나는 세제를 양껏 뿌리고 재킷을 던져 넣었다. 세탁기에서 꺼낸 재킷은 보기에도 그렇고 느낌상으로도 젖은 마분지로 만든 건축물 같았다. 한편으로는 재킷이 망가져버리기를, 다른 한편으로는 상태가 나아지기를 기대했다. 세탁이 끝난 재킷을 널어서 말렸다. 나중에 걷으러 가보니 재킷은 아름답게 환골탈태한 모습이었다.

나는 거울 앞에서 재킷을 입어봤다. 좋은 냄새가 났다. 몸에도 딱 맞았다. 하지만 한때 내가 기대했던 흥분과 설렘은 생기지 않았다. 재킷을 밀어내고픈 충동이 일었다. 하지만 또다시 후퇴하는 대신 피할 수 없도록 옷장 문에 재킷을 걸었다. 몇 주 그리고 몇 달 동안 매일 옷을 입을 때마다 재킷을 마주하면서 몇 가지 질문에 대해 곰곰이 생각했다. 이 재킷이 불러일으켰던 자아의 매듭 혹은 가능성의 가닥은 무엇이었을까? 하고많은 물건들 중에서 왜 이 재킷이었을까? 내 인생 이야기 가운데 어느 부분에 들어맞았던 걸까?

재킷과 그것이 상징하는 것은 아무런 이유 없이 갑자기 튀어나온 게 아니었다. 그 재킷을 갖고 싶어 했던 조용한 시골 소녀가 떠올랐다. 수중에 있는 돈으로 살 수 있었던 합성섬유로 만든 값싼 체인점 의류와 비교할 때 벨벳 재킷이 얼마나 이국적으로 보였는지도. 벨벳 재킷은 겨울철의 적당한 대안일 뿐만 아니라 뭘 원하는지도 모르는 한 소녀에게 완전히 다른 세계를 약속했다. 그리고 불확실한 미래를 마주할 때마다 걷잡을 수 없는 낙관주의를 강화했다. 나는 현실과 단절된 패션 잡지들이 만들어낸 뻔한 환상을 재킷에 마구 쏟아부었는데, 그 환상은 바로 현대적 보헤미안이었다.

훗날 나는 버지니아 니컬슨Virginia Nicholson의 통찰력 있는 저서 《보헤미안 사이에서》를 통해 의복이 20세기 초 영국의 예술가·작가·지식인의 삶에서 실제로 그러한 역할을 했다는 사실을 알게 되었다. 블룸즈버리 그룹(1906년부터 1930년경까지 런던과 케임브리지를 중심으로 활동한 영국의 지식인·예술가 모임 – 옮긴이)에 속한 예술가와 작가를 포함한 모더니스트들은 엄격한 빅토리아 시대의 의복 관습에 도전했다. 니컬슨은 이렇게 서술했다. "요람에서 무덤까지, 아침부터 밤까지, 무엇을 입어야 하는지, 어떻게, 무엇과 함께 입어야 하는지를 관습이 결정했다." 대안으로 채택한 보헤미안과 집시의 미적 특질이 고래수염으로 만든 코르셋, 겹겹의 모직 속옷, 지나치게 많은 단추와 같은 의복에 대한 '압제'로부터 모더니스트들을 해방시켰다.

남들과 구별되는 옷은 편안함과 저항 외에도 다른 목적이 있었다. 그런 옷을 입는 사람은 한 사람의 개인이라는 표시이자 다른 예술가들과 구별되는 표시였다. 시인 딜런 토머스Dylan Thomas는 이렇게 말한 바 있다. "한 개인으로서 당신은 사회의 많은 구성원들을 떠나 개인으로 **보여야** 한다. …… 나는 다른 누구와도 조금이라도 비슷하게 보이고 싶지 않다. 하고 싶어도 못 할 것이다. **정말로** 그러기를 원한다면 나는 사람이 아니다."

하지만 개체성은 토머스의 말에 비해 덜 고유한 요소였다. 일반적으로는 "부르주아 계층의 배짱 없는 무사안일주의"에 반대되는 것으로 "소속감과 보호색을 부여"하기도 했으나 일반적인 "카무플라주(위장)"의 기능은 아니었다. 영국의 보헤미안들이 입으려고 선택한 옷은 대개 부드럽게 흘러내리는 관능적인 직물로 만들어졌다. 그런 옷은 뻣뻣하고 억눌린 관습적인 의복에 비해 촉각에 민감했다. 니컬슨의 글을 보자.

보헤미안들은 솜털 같고 편안한 직물로 만든 옷을 선택함으로써 불편하고 경직된 옷에 맞섰다. 쓰다듬고 어루만질 수 있고 유혹적인 섀기 트위드(보풀이 선 두꺼운 트위드), 벨베틴(면벨벳), 다채로운 코듀로이는 색의 경박함 속에 옷 입는 사람의 자유, 방종, 개방성을 은연중에 암시했다. 이러한 관능적인 물질들이 빨리 닳는다는 사실은 다소 제멋대로인 그들의 특별한 빛만 더할 뿐이었다.

화려한 개성의 추구가 그 자체로 싫증나거나 닳아버렸다는 말은 아니다. 니컬슨에 따르면, 잘 속아 넘어가는 미국인들만이 벨베틴과 **바스크 베레**(베레모)로 멋을 부렸다. 그들은 **보헤미안처럼** 찍은 사진을 두고두고 간직했다.

벨벳 재킷을 원한 십대 시절 나의 자아는 이러한 역사적 사실을 얼핏 보았을 뿐이었다. 대부분 그럴듯한 패션 기사에서 본 것들이었다. 보수적인 옷차림에 저항할 현실적 필요성은 전혀 없었지만, 1980년대의 찢어진 청바지와 형광 색 티셔츠는 그러한 것에 신경 쓴 차림이었다. 하지만 더 자유로운 시대를 살면서도 변함없이 편협한 야망들 사이를 항해하려면 실제로 버팀목이 필요했다. 최소한 내 상상 속에서 벨벳 재킷이 암시한 것은 주된 흐름과는 다른 인생을 살아가는 방식이었다.

어쩌면 아무것도 발견되지 않는 지점을 연결함으로써 잊힐 수도 있다. 내가 만들어낸 연결 고리들은 어떤 면에서 뻔하며 투박하고 단순했다. 결국 저항이라는 것은 일상적으로 경험하는 "내부로 향하는 십대다움"(작가 에이먼 그리핀Eamonn Griffin이 만든 멋진 표현) 가운데 하나니까. 초보적인 수준에서 흐릿한 상태로 남은 동기가 그림자를 드리우리라는 걸 잘 안다. 그렇지만 벨벳 재킷은 내 미래의 삶이 소위 직업적 성공과 재정적 성취라는 지배적인 정의에서 벗어나도 괜찮을 거라고 어린 시절의 자아를 안심시키는 하나의 탐구였다. 이렇게 이해하고 나니 어느 정도 마음이 놓였다.

나는 작가 리베카 솔닛이 말한 것에 공감했다. "내내 거기 있었던 것에 대한 인식, 그 방 가운데 있는 미스터리, 거울 속 비밀을 느꼈다. 때로는 뜻밖의 생각이 전례 없는 방식으로 익숙한 영역을 기로질러 가게 하는 다리가 된다." 결국 벨벳 재킷은 다리였다. 내가 생각했던 것과는 다른 다리. 이렇게 이해하자 그 재킷은 그저 한 벌의 재킷이 되었다.

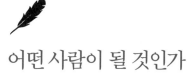

어떤 사람이 될 것인가

어느 날 원하던 물건을 발견하리라는 속 편한 백일몽은 위안이자, 외견상 무해한 망상처럼 보인다. 이 백일몽에는 두 가지 사건이 결합되어 있다. 하나는 행운의 발견, 다른 하나는 모든 게 딱 들어맞는 날. 물건은 당신이 누구인가가 아니라 어떤 사람이 되고 싶은가에 대한 단서를 제공할 수도 있다. 화가이자 작가인 에드먼드 드 월은 시인 파울 첼란Paul Celan의 시 강의에 대해 얘기하면서 "당신은 자신을 찾기 위해 미리 자신을 보낸다"라는 문장을 사용했다. 이는 물건을 통해 정체성을 파악하는 게 어떤 느낌인지에 관한 것이다. 하지만 물건의 취득 행동이 미래의 모습을 발견하고 그렇게 되게끔 해주리라고 가정하는 것은 실수다.

무생물인 물건이 우리를 위해 이 같은 일을 할 수 없는 건 당연하다. 매우 흥미롭고 아름다우며 탐나는 물건은 그런 미래를 암시하거나 분명히 실재하는 현실성을 부여할 수 있다. 하지만 낙관적인 희망과 현실 사이의 간극을 메우고, 위니콧이 밀한 '기짓' 자기와

벨벳 재킷

'참' 자기 간의 간극을 좁히기 위한 실질적이고 정서적이며 심리적인 어려운 작업을 해낼 수 있는 것은 오직 자기 자신뿐이다. 예상할 수 있듯이 힘든 일이긴 하다. 물건에 대한 실망감은 우리가 얼마나 멀리 가야 하는지, 계속해서 '흐릿한 꿈'에 대해 얼마나 많이 알아내야 하는지 생각하게 만든다.

시몬 드 보부아르의
자전거

Simone de Beauvoir's Bicycle

인생의 새로운 기쁨을 찾았어요. 이제부터 내 소망은 자동차가
아니라 내 자전거를 한 대 갖는 것뿐이에요.

_1940년 7월 29일 월요일, 시몬 드 보부아르가 장 폴 사르트르에게 보낸 편지

개인의 재산이 중요한 이유는 그것 없이는 소유자가 개별적 인
간일 수 없기 때문이다.

_마거릿 라딘, 《소유의 재해석》

초보 운전자

그날은 북반구의 여름 중 무수히 많은 첫째 날 가운데 하루, 따스한 7월 오후였다. 때는 1940년. 32세의 교사 시몬 드 보부아르는 파리의 조용한 뒷길에서 자전거 한 대를 빌려 자전거 타는 법을 배우고 있었다. 보이듯 깜짝 놀랄 정도로, 실력이 빨리 늘었다. 그날 저녁 드 보부아르는 어떤 식으로 "단번에 계속 앉아 있을 수 있었는지, 심지어 혼자서 방향을 트는 법까지 알게 됐는지" 뿌듯해하면서 일기에 털어놓았다. 드 보부아르가 문학적 성공과 명성을 얻기 몇 년 전이었다. 훗날 그녀는 그때를 이렇게 회상했다. "아직 책을 내지도 않았고, 나를 '사르트르의 여자친구' 이상으로 여기는 사람은 아무도 없었다." 7월의 그날, 드 보부아르는 두 바퀴로 굴러가는 요령을 익히면서 페달을 밟으며 균형을 잡으려고 애쓰는 초보 자전거 운전자일 뿐이었다.

많은 여성, 특히 미국의 페미니스트들은 수십 년 동안 자전거를 탔다. 미국의 초기 페미니스트인 수전 B. 앤서니Susan B. Anthony는 1896

년 한 인터뷰에서 분명하게 말한 바 있다. "자전거 타기에 대해 어떻게 생각하는지 말씀드리죠. 나는 자전거가 세상의 다른 어떤 것보다도 여성들을 많이 해방시켰다고 생각해요. …… 자전거는 여성에게 자유와 자립의 **기분**을 느끼게 합니다. 마치 자신이 독립적인 존재인 것 같은 기분이 들게 만들죠." 하지만 드 보부아르는 자전거를 늦게 배웠다. 드 보부아르의 앞길을 막은 건 두려움이나 관습이 아니라 돈이었다. 아버지는 어린 두 딸 시몬과 엘렌에게 자전거를 사주고 싶어 했지만 어머니는 가정의 위태위태한 재정 상태를 염려했다. 드 보부아르는 단지 자전거라는 호사를 누릴 가정 형편이 안 되었기 때문에 좀 더 일찍 자전거 타는 즐거움을 알지 못한 것뿐이다.

비록 성인이 되어 뒤늦게 시작했지만 자전거를 배우는 것은 신나는 일이었다. 전쟁 중에 쓴 일기에서 드 보부아르는 자전거를 수월하게 배운 사실뿐만 아니라 스스로 성취한 데서 오는 기쁨을 세세하게 기록했다. 그녀는 순식간에 빠져들었다. 드 보부아르는 일기에 이렇게 적었다. "나는 그녀의 자전거를 가지러 갔다. 한 시간 동안 자전거를 타고 여기저기 돌아다니다가 몽수리 공원까지 갔다 온 뒤 카페 '라 클로즈리 데 릴라'까지 다녀왔다. 나는 정말이지 자전거를 쉽게 다뤘다. 딱 한 번은 개와, 또 한 번은 여성 두 명과 부딪치긴 했지만, 정말 행복했다." 그리고 얼마 안 가 날마다 이런 경험을 하러 다녔다.

드 보부아르의 일화는 내가 거의 잊고 있던, 자전거를 배우던 기억을 떠올리게 했다. 속도를 줄이려고 발가락을 스치듯 끌던 기억도 났다. 하지만 가장 강렬한 감정은 마침내 홀로 자전거를 타면서 핸들과 페달을 자유자재로 제어할 때였다. 똑바로 서 있기 위해 혹은 나를 밀고 나가기 위해 누군가의 도움이 더는 필요 없어졌을 때 느꼈던 힘. 그 뒤로 나는 적당한 범위 안에서 내가 원하는 곳으로, 내가 원할 때 노란색과 검은색이 섞인 BMX자전거의 체인을 내 다리로 돌리는 만큼 빨리 달릴 수 있었다. 정말 신났다.

드 보부아르는 뒤뜰 주변만 돈 게 아니었다. 독일군이 점령한 도시를 뚜렷한 목적 없이 자전거로 달렸다. 다시 파리 거리에 독일군 트럭들이 굴러다녔다. 드 보부아르가 점령군보다 앞서 잠시 파리를 떠났을 때 집주인은 그녀의 물건을 대부분 버렸다. 다시 돌아오지 못하리라고 생각했기 때문이다. 일기를 보면 드 보부아르는 물건을 잃어버린 데 대해 개의치 않은 듯 보인다. 하지만 자전거는 달랐다. 드 보부아르의 전기 작가인 디어드리 베어Deirdre Bair에 따르면 자전거는 "전쟁 기간 내내 가장 소중한 물건"이었다.

사람들의 말

나도 자전거를 타는 사람으로서 드 보부아르의 자전거를 자세히 알고 싶었다. 색깔이 대담했는지 수수했는지, 크롬 도금은 반짝반짝 빛났는지 녹이 슬었는지, 가죽 안장은 우아한 디자인이었는지. 아니, 그보다는 진짜 드 보부아르가 타던 자전거가 프랑스 시골에 있는 어느 먼지투성이 농장 마당의 창고 뒤편에서 발견되었다든지, 벼룩시장에서 (어쩌면 드 보부아르가 썼던 세련된 터번들 가운데 하나와 함께) 우연히 발견되었다든지 하는 얘기가 궁금했다. 하지만 내가 아는 바로는 그 자전거가 발견된 적은 한 번도 없었다. 유일하게 알 수 있는 진실은 그 자전거가 나탈리 소로킨 Nathalie Sorokine한테서 빌린 것이라는 사실뿐이다. 드 보부아르의 소설 《타인의 피》에 나오듯이 필시 훔친 자전거였을 것이다(전시에 번창한 자전거 암시장에서 소로킨은 열정적이고 수완 좋은 도둑이었다).

나는 드 보부아르의 자전거가 현재 남아 있지 않다는 게 신경 쓰였다. 그토록 일기를 꼼꼼하게 썼으면서 자전거 자체에 대해서는 왜 묘사하지 않았을까? 아마 너무 흔한 자전거여서 그럴 필요를 느끼지 못했을 수도 있다. 그 당시 자전거는 지금보다 더 흔했다. 프랑스의 자전거 중심지 생테티엔을 비롯한 유럽의 자전거 공방들에서 매년 수백만 대가 만들어졌다. 자전거 역사가 데이비드 V. 헐리히에 따르면 생테티엔에는 100곳이 넘는 자전거 관련 회사들이 있었고 프랑스 전체 자전거 생산량의 80퍼센트를 생산했다. 드 보부아르가 빌린 자전거는 특히 연료 공급이 부족하던 당시에 거리를 달리던 흔해 빠진 수백만 대의 자전거 가운데 하나였을 가능성이 크다.

그렇다고 하더라도 나는 드 보부아르에게 가장 소중한 물건이 찍어내듯 만들어낸 차별성 없는 자전거가 아니라 유일무이한 자전거였으리라는 환상을 떨쳐버릴 수가 없었다. 전시 소설인 《타인의 피》에서 드 보부아르가 갈망하는 자전거를 설명하는 부분을 처음 읽었을 때 그런 환상은 더욱 강렬해졌다. "자전거는 아직 거기 있었다. 완전 새것이다." 어린 자전거 도둑 엘렌은 자전거를 관찰한다. 엘렌은 강철과 크롬 재질로 된 이웃의 새 자전거를 탐낸다. "담청색 프레임에 도금된 핸들", 반짝거리는 흙받기, 빵빵한 타이어.

그런데 신경 써서 계속 읽다 보니 자전거의 아름다움이 자전거가 엘렌에게 약속한 것, 바로 이동의 자유와 떼려야 뗄 수 없다는 사실이 분명해졌다. 엘렌은 새 자전거를 갖게 되면 어떤 기분일지 상상한다. "저 아름다운 노란색 안장에 앉아 두 손으로 핸들을 잡으면

시몬 드 보부아르의 자전거

천국이 따로 없을 거야!" 자전거가 있으면 "내가 원하는 곳은 어디든지 갈 수 있을 거야. 밤늦게 집으로 오면 고요한 거리에 오직 빛 웅덩이만이 내 앞을 비출 테지." 특별한 자전거가 중요한 게 아니다. 어떤 종류건 간에 자전거를 갖게 되면서 엘렌 못지않게 드 보부아르가 무엇을 할 수 있게 되었는지가 핵심이다.

자유를 선사하는 물건

십대 청소년의 침실에 있는 스테레오.

차고에 있는 목공구.

주말마다 사용하는 카메라.

지하실에 있는 악기.

전쟁 기간 동안의 자전거.

우리가 가장 소중히 여기는 물건들 중에는 금전적인 혹은 정서적인 가치가 높지 않은 것도 있다. 그보다는 물건을 갖고 할 수 있는 일, 오직 그 물건만이 줄 수 있는 경험 때문에 소중히 여긴다. 드 보부아르의 자전거와 그 전에 그녀가 바랐던 자동차 같은 물건들은 한정된 범위에서나마 인생을 좌우하는 경험을 선사한다. 반항적인 십대, 고된 일을 하는 근로자들, 가정과 직장에서 책임감의 무게를 느끼는 중년에게 그런 물건은 자유의 선택 혹은 탈출의 무대를 제공할 수 있다. 이런 물건은 어떻게 자유로움을 느끼게 하는 걸까?

사회학자 루이스 하이드Lewis Hyde가 《신물》이라는 책에서 긴략

시몬 드 보부아르의 자전거

하게 설명한 바에 따르면, 소유물은 "행동할 권리"다. 어떤 물건을 소유하는 것은 그 물건을 사용하는 것부터 파는 것까지, 그냥 주는 것부터 못쓰게 만들어버리는 것(예술가 마이클 랜디가 '브레이크 다운'을 통해 하기로 선택한 것처럼)까지 자신이 선택한 행동을 하기 위한 우리의 것이다. 하이드는 이렇게 말했다. "어떤 물건(혹은 사람)은 누군가 '그것 안에서' 그런 행동을 할 권리를 가질 때 '재산'이 된다. 행위자가 없는 재산은 이 세상에 없다." 하이드의 '오래된 정의'는 현대 사회의 재산법 안에 그대로 녹아 있다. 아직도 재산법에서는 소유물이 단지 소유되는 물건이 아니라 능동적으로 소유되고 의도적으로 관리되는 특성이 있다고 본다.

법학자 마거릿 라딘은 이러한 이해를 바탕으로 – 소유물과 인격의 교차점에 있는 – 인간 의지의 중요성을 설명하기 위해 철학자 게오르크 헤겔의 《법철학》을 끌어들인다. 헤겔의 주장에 따르면 인간의 의지는 "모든 것" 안에 놓일 수 있다. 물건은 "그 자체로는 목적이 없기 때문에 물건의 운명과 영혼은 나의 의지에 달려 있다"는 것이다. 하지만 이러한 상호작용은 한 방향으로만 이뤄지지는 않는데, 그 이유는 두 가지다. 첫째, 많은 물건, 특히 실용적인 물건은 목적이 있도록 설계된다. 이런 물건에 대해서는 우리가 선택하는 어떤 방식으로도 우리의 '행동권'을 취할 수가 없다. 우리는 소유한 물건에 대해 완벽한 통제력을 갖고 있지 않다. 대다수 사람들은 이런 사실을 좋아할 수도 있다. 둘째, 라딘이 지적한 대로 개인적인 재산은 그것 없이는 그 사람일 수 없다는 식으로 우리의 삶과 경험에 영향을 미친다. 어떤 물건들은 경험과 정체성에 각인되고 뒤얽힌다. 하지만 궁극적으로는 분리될 수 있는 상태로 남게 되는데, 이런 소외가 고통이나 손상을 유발할 수도 있다.

사회학자 팀 던트가 주장하듯이 "그 '물건'은 경험의 능동적인 부분이다. …… (그리고) 단지 물건, 그러니까 움직일 수 없고 무능한 무생물로 취급될 수 없다." 예를 들어 나는 내 마음대로 망치를 쓸 수 없다. 손잡이를 잡는 정확한 방법, 못을 제자리에 박고 망치를 효과적으로 휘두르는 방법이 따로 있다. 또 다섯 살짜리도 대번에 알아차리듯이 자기 식대로 할 수 없는 정확한 자전거 타는 법이 존재한다. 균형을 잡는 법, 전진하면서 가속도를 유지하는 법을 배워야 하고, 자전거와 협력하면서 움직이는 체화된 요령을 배울 필요가 있다. 이런 식으로 자전거는 자전거 타는 방식을 조정하고, 제한하고, 형성한다.

던트는 "그런 물건은 일련의 행동 방침 및 제약도 제공한다"고 덧붙인다. 물건과의 상호작용 안에서 사용자와 물건은 일시적으로 합쳐지고, 그 물건은 사용자의 연장延長이 된다. 이러한 현상은 많은 물건과 사용자 사이의 관계 안에서 볼 수 있다. 음악가의 의지와 그의 기타, 목수의 의도와 그의 톱, 스케이터의 포부와 그의 보드. 이러

161 시몬 드 보부아르의 자전거

한 경향은 보통 서핑보드 위로 계속해서 다시 올라가는 초보 윈드서 퍼처럼 사람과 물건 사이의 관계를 당연시하지 않고 자연스럽게 몸에 배도록 만드는 아마추어에게서 가장 뚜렷하게 나타난다. 심리학자 미하이 칙센트미하이는 이런 상호작용이 "대개 이질적인 실체들의 보기 드문 통합을 만들어낸다"고 주장한 바 있다. 던트는 이를 두고 "물건의 유혹"이라고 하면서 우리는 "다른 존재"가 될 수 있으며 "(물건은) 우리에게 융합의 약속을 들이민다"고 했다. 작가 로버트 펜도 이와 유사한 생각을 언급하면서 자전거를 일컬어 운전자와 경험을 하나로 합치는 "통합하는 물건"이라고 했다. 드 보부아르의 자전거 타기와 관련해서 내가 궁금한 것은 바로 이러한 예상 밖의 흥미로운 "융합의 약속"이다. 이 약속은 자전거를 타는 외중에 발견된다.

이러한 융합은 우리의 능력, 힘, 용량을 늘리거나 한계를 초월하도록 도와줄 수 있다. 그 덕분에 이 세상에서 의지를 표현할 수 있을 뿐만 아니라 힘이 고조되고 강화된 기분을 즐기게 된다. 이런 관계의 이점은 여기서 그치지 않는다. 드 보부아르도 분명히 알았듯이, 적군의 손에 들어간 나라에서 여성으로서 제한된 방식으로 자전거를 타면서도 자율성과 이동의 자유를 경험할 수 있었다.

오늘날 기술적으로 발달한 세계에서도 인력에 의해 움직이는 자전거는 여전히 독립적인 이동성을 부여하고, 자유와 모험심을 느끼게 한다. 다른 도구들과 마찬가지로 자전거도 인간의 육체가 가진 능력을 고양하고, 확대하고, 확장한다. 자전거에 올라타면 더 빠르게, 더 먼 거리를 이동할 수 있다. 실질적으로 도움이 된다는 특성은 중요하다. 펜은 자전거 타기의 행복에 대해 쓴 책《자전거의 즐거움》에서 이렇게 말한다. "평탄한 지표면을 걸을 때와 동일한 힘을 들이면서도 걷기보다 네다섯 배나 빠른 속도로 달릴 수 있다. 자전거는 지금까지 발명된 자가 동력 교통수단 중에서 가장 효율적이다."

기계적인 물건 혹은 도구와 관련된 모든 것이 올바른 방식으로 작동될 때 그 물건이 아름답다고 표현될 수 있다. 기능성과 아름다움의 이러한 관련성으로 인해 '그것은 아름답게 움직인다'는 말은 보통 '그것은 아름답다'로 줄여 쓰게 된다. 이러한 비약은 전혀 드문 일이 아니다. 건축·실내 디자인 작가 스탠리 애버크롬비Stanley Abercrombie는《일, 삶, 도구》에서 이렇게 주장한다. "우리는 도구들이 아름답기를 기대한다. …… 기대하도록 학습된, 결과적으로 아름다움으로 귀결되는 내재된 합목적성 때문이다."

놀이 그 자체를 위해

의지의 표현, 힘의 확대, 작동의 아름다움 외에 물건이 주는 기쁨이 또 하나 있다. 바로 놀이가 된다는 점이다. 드 보부아르는 빨리 배우는 사람이었다. 그녀는 처음으로 자전거를 타본 경험에 대해 "무척 뿌듯하고 재미있었다"라고 했다. 전날 늦게 잔 데다 기분도 가라앉아 있었지만 새로운 경험을 좇느라 아침 일찍 침대를 박차고 나갔다. 7월 10일 수요일에는 이렇게 적었다. "8시에 일어났다. 아직도 약간 졸리다. 하지만 자전거를 오래 타고 싶어서 일어났다." 쉽게 담요 밑으로 들어가 세상으로부터 숨어 있을 수도 있었다. 꼭 어디를 가야 하는 것도 아니었다. 내가 보기에 드 보부아르는 상당히 많은 주말 사이클리스트들, 취미로 열심히 자전거를 타는 사람들, 아마추어 자전거 운전자들의 심정과 비슷했던 것 같다. 자신을 위협하는 압도적인 나쁜 뉴스들에서 벗어나 기분 전환할 공간을 찾은 것이다. 로버트 펜은 "이따금 난 그냥 자전거를 타려고 자전거를 탄다"라고도 했다.

놀이는 일반적으로 아이들의 세계에만 속하는 것으로 생각된다. 아이들의 '할 일'이 노는 것이라고들 한다. 아이들은 보통 처음에는 촉각을 이용해 물질세계와 관계를 맺으면서 많은 걸 배운다. 딸랑이를 흔들고 블록을 쌓다가 나중에는 장난감 찻잔 세트와 플라스틱 채소로 어른들의 세계를 흉내 낸다. 학교에 들어가면 네트볼이나 크리켓처럼 공식적인 규칙이 있는 안전한 게임의 세계에서 협동과 경쟁을 배운다.

그런데 어른이 되면 놀이는 대개 사라져버린다. 가정, 직업, 재정적인 의무 때문에 어린 시절의 비생산적인 놀이를 할 시간이 거의 없어진다. 이는 특히면 아이들에게 놀 시간이 없다고 말하곤 한다. 어른의 놀이는 소득과 기술을 결합할 수 있는 전문적인 운동선수들의 영역이 되었다. 하지만 이는 새로운 현상이다. 작가이자 건축가인 비톨트 립친스키가 미국 시사 잡지 《애틀랜틱》에서 설명했듯이 과거에 레저는 "질서정연한 오락이 아니라 개인적인, 심지어 특이한 것을 추구할 수 있는 기회였다. …… 공적인 구경거리보다는 사적인 몽상을 하는 기회"였다.

백일몽, 몽상과 마찬가지로 자유로운 놀이는 제약도, 쓸모도 없다. 프랑스 사회학자 로제 카유아Roger Caillois에 따르면, 노는 것은 "구경거리가 될 만하거나 겉만 번지르르한" 활동에 자유롭게 참여하는 것이나. 놀면 아무것도 나오는 게 없지만 에너지가 소모된다. 카유아

시몬 드 보부아르의 자전거

의 말대로 놀이는 "어떤 부나 상품도 창출하지 않으며" 오히려 "순수하게 시간·에너지·독창성·기술을 허비하는 활동"이다. 이처럼 놀이는 일하는 삶과 극명한 대조를 이룬다. 일할 때는 우리의 노동이 정해진 시간에 마무리되고, 어느 정도 생산적이며, 효율적이고 효과적일 거라고 기대할 수 있다. 하지만 놀이는 일과 분리될 뿐만 아니라 카유아의 말처럼 "남은 인생과 조심스럽게 격리되고, 일반적으로 시간과 장소의 분명한 한계에 얽매이게" 된다.

카유아는 네 가지 놀이 영역을 발견했다. 각각의 놀이는 저마다 '현실 세계'에서 벗어나 특별한 즐거움을 경험할 수 있게 해준다. 놀이 유형 중 **아곤**Agôn에서는 단체운동처럼 경쟁을 경험한다. **알레아**Alea 놀이에서는 카드 게임처럼 모든 게 운에 맡겨진다. 어린 시절 변장 놀이 같은 **미미크리**Mimicry는 다양한 역할 놀이를 하는 것이다. 마지막으로 **일링크스**Ilinx가 있는데 "순간적으로 지각의 안정성을 깨고 멀쩡한 정신에 쾌락적인 공포를 안길 수 있는" 적극적인 놀이다. 아이들이 회전놀이기구를 타거나 옆으로 재주넘기를 하는 게 일링크스 놀이다. 이를 두고 사회학자 노베르트 엘리아스와 에릭 더닝Eric Dunning은 초보적 수준의 흥분에 대한 인간 욕구라고 설명했다. 일링크스 놀이와 동등한 어른들의 행동은 일반적으로 바퀴 달린 것을 아슬아슬하게 통제하며 타는 것이다. 예를 들면 롤러스케이트나 스쿠터, 스케이트보드, 그리고 자전거. 작가 잭 런던은 이런 식의 경험을 생생하게 떠올리게 하는 말을 남겼다. "자전거를 타본 적이 있는가? 자전거야말로 진짜 인생을 살 만하게 만든다! …… 아, 그저 핸들을 잡고 몸을 내맡기는 거다."

시몬 드 보부아르의 자전거

자유로운 기분

　　파리가 점령된 첫날 아침, 드 보부아르
는 "태어나서 가장 비참한 기분으로" 깨어났다. 이제는 그냥 돌아다
니기가 힘들었다. 연인인 보스트Bost의 가족을 방문하러 40킬로미터
를 걸어갔다가 "안 맞는 신발을 신고서도 용감하게 다시 걸어 돌아
왔다"고 일기에 썼다. 짧은 여행은 아무런 수확도 없었다. 생포되었
던 보스트와 사르트르에 관해 어떤 소식도 듣지 못했다. 집에 올 때
차를 얻어 타고 와야겠다는 계획도 실패했다. 잠도 피난처가 되지
못했다. 꿈에 사르트르가 나와서 자신을 목 졸라 죽이려고 했다. 드
보부아르가 덫에 걸린 듯한 기분, 소외감이 들고 절망적이었다는 것
은 전혀 과장이 아니었다. 그녀는 기분이 어두웠다고 표현했다. 하
지만 점령으로 긴 그림자가 드리워졌음에도 불구하고 일상은 계속
되었다. 일을 하고, 가족과 점심을 먹고, 글을 쓴 다음 드 보부아르는
자전거를 타기 위한 여유 시간을 만들었다. 1940년 7월 4일 목요일
일기에는 이렇게 적었다. "나는 읽고 글을 쓰기 위해 카페 '레 되 마

고'까지 갔다. 그러고 나서 5시부터 6시까지 자전거를 탔다. 재미있게, 피곤하지만 성공적으로."

적군이 점령한 시기에 다 큰 어른이 왜 자전거를 타고 놀았을까? 다채롭고 강렬하며 자발적인 활동에 몰두할 때 우리는 일상적인 세계와 요구들을 잊게 된다. 심리학자 미하이 칙센트미하이는 (내적 동기에 대한 실증적인 증거와 철학적 중요성을 간략히 설명하면서) 이렇게 말했다. "자유는 즐거운 활동의 핵심적인 기준이다. 헤라클레이토스, 플라톤, 니체, 사르트르 같은 사상가들이 놀이를 높게 평가한 것은 바로 이런 이유 때문이다. 놀이는 자유롭게 드나드는 활동이다." 드 보부아르는 점령 후 지면에서 일어난 심각한 변화를 일기에 덧붙이기도 했다. 하지만 자전거를 타면 '행복'과 '기쁨'을 느낄 수 있었다. 자전거를 타는 동안만큼은 갑자기 딴 사람이 되면서 자기 자신으로부터, 당시 상황으로부터 벗어나는 느낌이 들었다. 잠깐이지만 점령 하의 압박감에서 벗어나는 것은 물론 육체적·정신적으로 더 강해지고 상황에 잘 대처할 준비가 된 듯했다. 실제로 자전거 타기의 경험은 자동차에 대한 갈망을 대체할 정도로 중요했다. 드 보부아르는 이 경험을 당시 전쟁 포로로 독일군에 잡혀 있던 장 폴 사르트르에게도 편지에 적어 보냈다.

그때보다 시대가 나아지기는 했지만 여전히 물건은 객관적으로 읽매인 상태에서 자유로운 기분을 불러일으킬 수 있다. 자유를 떠올리게 하는 이런 물건은 일반적으로 돈을 받고 하는 노동이 아니라 재미있는 레저나 창의적인 활동과 연관된다. 사용하지 않을 때조차도 그런 물건은 소유주를 위해 정신적으로 문을 약간 열어놓는 것처럼 보인다. 삶에서 도망치거나 탈출하려는 게 아니다. 그보다는 끝까지 그저 운명대로 살라고 빼도 박도 못 하게 선고받지 않을 가능성을 열어두는 것이다. 이렇게 본다면 이런 물건의 존재가 실존적인 자유 재량권을 조금은 만들어낼 수 있다. 이와 관련된 최근의 사례는 한때 법률가였던 로버트 펜에게서 볼 수 있다. 펜은 오래된 산악자전거 덕분에 모험심 강한 과거가 런던의 변호사라는 신분의 구체적인 대안이 된 과정을 털어놓았다. "나는 중국의 카스가얼에서 카라코람산맥과 힌두쿠시산맥을 넘어 파키스탄의 페샤와르까지 그 자전거를 타고 갔다. 내가 런던으로 돌아와 변호사로 일하는 동안 그 사라센(자전거)은 나를 여기저기 데리고 다니는 이동 수단 이상이었다. 그것은 가는 세로 줄무늬 정장 너머의 삶을 대변했다. 그러고 나서 그 자전거를 도둑맞았다."(자전거 절도는 드 보부아르가 살던 시대와 마찬가지로 여전히 고질적인 문제다.)

물건은 자기 자신과 다른 사람들을 떠올리게 하는, 사회적으로 용인되고 쉽게 알 수 있는 놀이와의 관련성을 제공하기도 한다. 주말 사이클리스트 수천 명의 사회적 수용성은 자전거와 실제 자전거 타기에 좌우된다. 스스로를 성장시키고 표현하기 위해 끌어내는 다른 물건들, 즉 카메라, 연장, 악기, 그리고 뭔가를 만들어낼 수 있게 하는 물건들 역시 마찬가지다. 작가 스탠리 애버크롬비에 따르면 연장처럼 중요한 물건은 "공간과 시간이 한정"되어 있지만, 그것의 도움으로 만들어낸 물건보다 더 실제적이고 영구적이다. 이 물건들을 사용해서 나온 창의적인 노동 혹은 자유로운 놀이라는 감정은 한순간이지만, 물건의 구체성이 손에 잡히지 않는 것을 만질 수 있는 연결 고리를 제공한다. 그 물건은 하나의 상징, 즉 이러한 감정을 마음속에서 계속 새로운 상태로 유지하는 수단이 된다.

중요한 것은 이런 느낌이나 주관적인 자유가 객관적인 제약에 매인 예법은 아니라는 것이다. 그것은 두피킨을 얻은 거지저 형태 혹은 무제한적인 경제적 선택과 같은 실질적인 자유가 아니다. 모든 규칙, 법, 의무로부터 해방되는 꿈을 꾸는 부루퉁한 얼굴의 철부지가 바라는 절대적인 자유도 아니다. 그저 특정 상황에서 느낄 수 있는 속박되지 않은 더 자율적이고 독립적인 감정이며, 그 자체를 위해 할 만한 가치가 있는 뭔가와 연관된 것이다.

광고인들도 우리가 이런 자유의 느낌을 매우 좋아한다는 사실을 잘 안다. 그들은 자동차부터 자전거, 카메라, 비치파라솔에 이르기까지 모든 걸 팔기 위해 툭하면 이런 약속을 미끼로 던진다. 이런 물건을 구입할 때는 시간과 에너지를 대변한다는 약속을 구매하는 것이다. 삽시 속 근심걱정 없는, 연출된 평화로운 피크닉처럼.

환경의 힘

시몬 드 보부아르는 어떤 미래가 열릴지 몰랐다. 1940년 7월 그녀가 사는 도시의 길 위에는 독일군이 있었다. 드 보부아르는 동반자 장 폴 사르트르나 연인 자크로랑 보스트Jacques-Laurent Bost의 소식을 전혀 알 수 없었다. 식량과 연료 부족으로 파리는 타격을 입기 시작했다. 불시에 닥친 상황이었다. 드 보부아르는 전쟁이 1년 넘게 지속되리라고는 예상하지 못했다. 달라진 상황에 대한 드 보부아르의 첫 번째 대응은 쳐들어오는 적군보다 먼저 파리에서 도망쳐 시골로 피난을 가는 것이었다. 일단 안전한 곳으로 달아나 탐정소설을 읽었다. 하지만 오래가지 못했다. 드 보부아르는 완전한 인간이 아니라 "짜부라진 벌레"처럼 살아가는 신세가 됐다고 표현했다. 표면상으로는 여전히 자유로운 상태였지만 미래가 닫힌 듯 보였다. 드 보부아르의 말에 따르면 "현재를 비출 지평선이 반짝이는 순간"은 이제 없었다. "더 많은 기다림이 있을 뿐 미래는 없었다".

뜻밖에도 훔친 자전거 한 대가 드 보부아르에게 행동의 자유를 느낄 여지를 제공했다. 그녀는 자신의 육체를 확장하고 더 많은 이동의 자유를 만끽할 수 있었다. 물론 자전거가 주변 환경을 바꾸거나 완전히 차단하지는 못했다. 하지만 새로운 제약 안에서 자신만의 새로운 경험을 하게 해주었다. 드 보부아르는 이런 글을 남겼다. "나는 굴러갔다. 진짜 여행을 할 수 있어서 황홀했다. 피곤하지만 만족스러운 기분으로 오퇴이유에 도착했다. 음악을 들으니 무척 좋았다. 오후 전체가 행복한 완전체를 만들어냈다. 헤겔(독서), 자전거, 음악. 그런데 무서운 독일인의 말소리 때문에 중단되었다."

소유물에서 요구되는 행동한 끈기는 상당히 겸손한 수준일 수 있다. 모든 사람이 다 힘이 있는 건 아니다. 인생은 보통 선택한 대로 굴러가지 않는다. 하지만 우리가 소유한 물건들이 이 세상에서 의지를 표현하게끔, 의도를 행동으로 옮기게끔, 줄곧 있던 대단치 않은 자유를 주장하게끔 도와줄 수 있다. 이것이 그 물건들의 약속이다. 물건들 역시 자신들에게 생명을 불어넣어 줄 것을 요구한다. 드 보부아르의 《타인의 피》에 나오는 찻길 가장자리에 세워둔 "충직하고 말 잘 듣는" 자전거처럼 물건들은 거기 있을 것이다. 우리가 약속을 실현하기를 기다리면서.

시몬 드 보부아르의 자전거

싱어 재봉틀

The Singer Sewing Machine

장인은 자신이 만든 것을 자랑스럽게 여기고 아끼는 반면, 소비자는 끊임없이 새로운 것을 추구하면서 충분히 쓸 만한 물건도 버린다. 그래서 물건을 팔려는 사람들의 눈에 장인은 소유욕이 더 강하고 현재에 매인 철지난 노동의 죽은 화신인 반면, 소비자는 더 자유롭고 상상력이 풍부하며 훨씬 용감해 보인다.

_철학자 매튜 크로포드, 《모터사이클 필로소피: 손으로 생각하기》

손수 만들기

내 앞에 놓인 싱어 재봉틀은 과거에 대한 향수로 가득 차 있다. 흰색 플라스틱 전기 재봉틀이 아니다. 100년이 다 되어가는 아름답고, 오래되고, 발을 굴려 돌리는 기계다. 빠르게 변화하는 현새에 빛을 내던 과거의 긴 그기이기. 철로 만든 무직한 검은색 기계인데, 튼튼한 연철 아랫부분은 화려한 금색 소용돌이 문양으로 장식되어 있다. 맨 밑에는 제조사의 독특한 서명이 있다. 재봉틀은 나무로 된 상부 오크 베니어판의 따스한 느낌과 대조를 이룬다. 상판은 접이식으로 열었다 닫았다 할 수 있게 되어 있다. 핀, 실 등 바느질 용품을 넣어두는 작은 서랍이 여섯 개 있는데, 그 서랍에는 보통 아들의 장난감 증기기관차가 숨겨져 있다. 발판에 대고 발을 굴리면 재봉틀이 시끄러운 소리 없이 천천히 돌아간다. 그런데 엄밀히 말해서 이 글은 재봉틀에 관한 게 아니다. 아직 존재하지 않는 또 다른 물건이 나타나기까지의 여정을 담은 글이다. 내가 만들고 있는 물건. 아니 더 정확히 말하면 만들려고 시도하고 있는 물건이다. 결과는 장담할 수 없다.

나는 천을 재봉틀에 놓고 작은 노루발을 내렸다. 어릴 때 배운 대로 앞으로 조금 박은 다음 뒤로도 박았다. 다시 앞으로 박아나가 다가 끝이 뾰족하고 길쭉한 토끼 귀가 될 귀퉁이에서 재봉틀을 멈췄다. 노루발을 들어 올리고 천을 예각을 이루도록 돌린 뒤 다시 노루발을 고정하고 천 가장자리까지 박았다. 낙관적인 기분이 들었다. 한쪽은 끝났고 나머지 부분만 마저 하면 되었다. 바느질을 계속했다. 처음에는 뾰족한 귀퉁이와 곡선들을 참을성 있게 바느질했다. 그런데 마음속으로 그린 형태를 만들기 위해 두꺼운 솔기를 이어 붙일 때 조금씩 좌절감이 커져갔다. 토끼 봉제인형, 우리 막내의 첫 번째 생일에 줄 소박한 선물이었다. 그런데 네 살배기 아들이 애처로운 표정으로 "내 건 언제 만들어줄 거야?"라고 묻는 바람에 서둘러 하나를 더 만들어야 했다.

이것은 손으로 직접 하는 작업이지만 경험과 판단에 좌우된다. 잘 모르는 사람도 있겠지만, 내가 계속 반복하는 행동은 실과 바늘, 천을 미는 정도를 결정하는 정신적인 작업과의 협력으로 이뤄진다. 연차 휴가 첫날, 햇살 가득한 침실 창가에서 오래된 발판을 굴리며 앉아 있는 내 모습은 평온하게 창의성을 발휘하는 이상적인 어머니상 혹은 사소한 '여자의 일'을 하는 전형처럼 보일 것이다. 어쩌면 둘 다일 수도. 아무튼 결과물은 틀림없이 나올 것이다. 비록 실패한 노력의 증거로 누더기가 된 헝겊 한 뭉치만 남더라도.

하지만 이성적으로 생각해볼 때 다섯 살도 안 된 두 아이의 엄마인 내가 아이들의 비연속적인 수면 패턴과 쇠약한 에너지로 고통스러워하면서도 토끼 인형을 직접 만든다는 건 좀처럼 이해할 수 없는 일이다. 시간, 노력, 불확실성을 쉽게 해결할 방법이 있었다. 모퉁이에 있는 장난감 가게에 휙 들어가서 비슷한 걸 살 수 있는데 왜 선물을 만드는 걸까? 어린 딸이 그 차이를 알 것 같지도 않은데. 가게에서 파는 인형의 품질이 분명 내 아마추어 솜씨보다 더 나을 것이다. 대형 체인점에 가서 인기 있는 디즈니나 레고 장난감을 아들에게 사줄 수도 있었다. 아끼면 내가 하나를 만드느라 쓸 거라 두었하 비용으로 두 아이에게 각자 하나씩 장난감을 사줄 수도 있었다.

경제성과 편의성을 잠시 고려하기도 했지만 곧 잊었다. 대신에 늦게까지 램프 불빛에 의지하여 손자수로 토끼의 러스트핑크 코를, 검정색 펠트로 눈을 만들었다. 구입했건 직접 만들었건 간에 손으로 만든 물건이 특별한 이유는 무엇일까? 대량 생산된 물건이 채워주지 못하는 갈망, 욕구, 약속은 무엇일까? 요즘처럼 풍족한 시대에 손으로 만든 제품이 왜 다시 인기일까?

부활한 인기

'수제'는 한때 질이 낮거나 민망한, 혹은 궁여지책인 것을 에둘러 표현하는 말이었다. 전문적인 재봉사, 레이스 제작자, 재단사는 대개 고도로 숙련된 손으로 맞춤 생산 제품을 만들었다. 반면에 '수제'는 일반적으로 서툰 솜씨의 아마추어나 겨우 먹고살 만한 형편인 사람이 알뜰하게 사는 모습을 떠올리게 했다. 3D 프린터와 웹사이트가 있는 새하얀 스튜디오 안의 장인보다는 비대즐러(Bedazzler; 천에 장식을 붙일 때 사용하는 총처럼 생긴 도구-옮긴이)나 코바늘로 무장한, 마음만은 착한 유모 혹은 핀칭 기법(손으로 빚어 만드는 도자기 성형 기법-옮긴이)으로 만든 좀 이상한 도자기를 든 십대의 모습을 떠올리게 할 가능성이 많았다. 똑같은 물건이라도 가게에서 구입한 것과 달리 손으로 만든 제품에는 광택과 세련됨, 그리고 중요한 요소인 편의성, 즉 사기 쉽고 유행에 따라 버리기도 쉬운 편의성이 없었다.

그런데 뉴밀레니엄으로 넘어갈 즈음 수제품의 이미지가 눈에 떠게 바뀌면서 다시 인기를 누리기 시작했다. 베이킹, 수제 맥주, 텃밭 가꾸기처럼 전통적인 제조법이 전반적으로 다시 인기를 끌었다. 핸드메이드의 부활을 특정한 모습이나 방식으로 단순하게 환원할 수는 없다. 다만 그 안에는 '더 단순하던 시절'에 대한 기분 좋은 향수가 흐르고 있다. 색 바랜 빈티지 직물, 배터리가 없는 고풍스러운 봉제완구, 상표가 없는 수수한 필로슬립pillowslip 드레스(베갯잇처럼 직선적이고 단순한 드레스 - 옮긴이), 알록달록한 장식용 깃발. 한때 자취를 감췄던 1970년대 수제 전통의 소박한 갈색과 트위드tweed도. 이제 도서관과 서점 책꽂이는 1950년대의 낙관주의에 동조하는 요즘 나온 공예 서적과 잡지로 채워져 있다.

그런데 수제품에 대한 기호를 가장 잘 정량화할 수 있는 지표는 특정 지역이나 옛날 방식이 아니라 온라인이다. 2005년 엣시Etsy가 등장했다. 미국 브루클린에 소재한 빈티지·수공예품 온라인 판매 플랫폼인 엣시의 성공으로 숨어 있던 수제품 인기의 정도가 드러났다. 2010년 무렵만 해도 엣시에서 140만 명의 판매자가 전 세계 구매자 1,980만 명에게 물건을 팔았다. 불과 4년 뒤 엣시의 판매액은 20억 미국달러(약 2조 2,460억 원)에 달했고, 판매자 3명 중 1명은 미국 바깥에 있었다.

엣시의 성공은 다른 사이트에도 영향을 미쳤다. 영국에서는 자국에서 만든 수공예품과 디자인을 판매하는 온라인 마켓 폭시Folksy

가 2008년 사업을 시작한 이래 100만 파운드(약 14억 6,200만 원)가 넘는 규모의 제품을 팔았다. 이 글을 쓰고 있는 현재 폭시는 디자이너와 제작자 5,763명이 16만 6,536가지 상품을 판매하고 있다. 2010년 런던에 있는 크래프츠 카운슬Crafts Council이 낸 보고서에는 이런 경향성을 뒷받침하는 더 강력한 증거가 나온다. 영국에 사는 사람들은 해마다 560만 개의 공예품을 구입하는 것으로 추산되고, 성인 5명 중 2명(1,690만 명)은 공예품을 구입한 경험이 있는 것으로 나온다. 호주에는 수제품을 취급하는 시장, 박람회, 소매상 외에 온라인 시장도 세 군데나 있다. 바로 메이드잇madeit, 핸드-메이드Hand-Made, 핸드메이드 HQ Handmade HQ 다. 이들 가운데 메이드잇 하나만 보더라도 2015년에 활동한 판매자가 6,700명이었다.

그런데 수제품에 대한 관심이 구매로만 나타나는 것은 아니다. 수제품의 재발견과 동시에 직접 만들기에 대한 관심도 부활했다. 물건을 고쳐가면서 오래 쓰려고 손수 만들던 시대는 지났다. 아마추어 수공예는 놀라울 만큼 인기 있는 21세기 초의 여가 활동이 되었다. 호주 통계청에 따르면, 15세 이상 호주인 10명당 1명꼴로 전통적인 공예 활동인 바느질·뜨개질·펠트 등 섬유공예, 보석공예·데쿠파주(decoupage; 종이공예) 같은 수공예, 그리고 목공예에 참여하고 있으며, 여성 130만 명, 남성 53만 2,000명이 주말마다 혹은 저녁마다 여가 시간에 자유로이 제작 활동을 한다. 이 수치들은 증가하고 있다.

작가 벤 엘섬Ben Eltham의 분석에 따르면, 2001년부터 2007년까지 6년간 일반 공예를 하는 사람이 39만 6,400명에서 96만 800명으로 거의 세 배가 되었고, 보석공예의 경우 가장 빠른 속도로 증가해서 같은 기간 2만 5,000명에서 19만 3,000명으로 늘었다. 당연한 결과로 이러한 여가 활동을 뒷받침하는 산업들의 가치 역시 수십억 달러에 이르게 되었다. 미국 공예·취미협회에 따르면, 미국에서 바느질 공예 산업만 해도 가치가 29억 미국달러(약 3조 2,567억 원)에 달한다.

무엇이 수제품에 대한 새로운 관심을 불러일으켰을까? 수제품 그 자체 때문일까, 아니면 다른 이유가 있는 걸까?

손으로 만든 것의 차이

트렌드를 예측하는 미래학자 페이스 팝콘Faith Popcorn은 이렇게 주장한다. "특히 수공예품의 개성과 비교할 때 매끄럽고 빛나고 균일한 것은 이제 저렴함과 동일시된다. 우리는 인간의 손이 닿은 물건에 굶주려 있다." 가장 일반적인 설명은 수제품에는 대량 생산품에 결여된 본질적인 뭔가가 있다는 것이다. 그런데 정확히 뭐가 빠졌다는 걸까?

팝콘의 설명에 따르면 이유는 단순하다. "매끄럽고 빛나고 균일한"것이 결핍이다. 대량 생산된 물건에 대한 비판이 새로운 것은 아니다. 존 러스킨과 윌리엄 모리스 같은 19세기 작가들은 대량 생산된 획일적인 상품들 때문에 물질적 차이와 발견을 갈망하는 감각의 역할이 약화될까 우려했다. 사회학자 리처드 세넷은 빅토리아 시대 사람들이 생산의 기계화에 대해 느낀 두려움을 간략하게 설명한 바 있다. "처음으로 사람들은 획일화된 물건의 양적 방대함 때문에 감각이 둔해질지 모르며, 기계로 생산된 제품들이 하나같이 완벽해서 개인적인 반응과 호감을 불러일으키지 않는 데 대해 우려하기 시작했다."

이런 걱정은 한동안 사라졌다가 세계화 시대에 또다시 근심거리로 출현했다. 호주 내셔널갤러리의 장식예술·디자인 수석 큐레이터 로버트 벨은 최근 심미적 측면과 관련해 이와 유사하지만 더 현대적인 해석을 제시했다. 그는 대량 생산된 제품보다 수제품이 더 매력적인 이유는 손으로 만든 것들에는 미묘한 차이가 들어 있기 때문이라고 주장한다. 벨은 이렇게 말했다. "핸드메이드는 불안한 불확실성을 수반한다. 한낱 세련미를 초월하게 하는 숨겨진 미묘한 차이를 음미하기도 전에 맞닥뜨리거나 취하는 인련이 가치들을 받아들일 수 있는 건 그 때문이다." "불안한 불확실성", 예측 불가능성, 감각의 특수성은 이를 발견할 만큼 충분히 안목 있고 민감하며 참을성 있는 사람들을 기다리는 풍요로움의 근원이다.

그런데 오늘날 대량 생산된 제품이라고 해서 다 매끄럽고 빛나지는 않는다. 스스로 대량 생산품임을 내세우지 않는 물건들 중에는 물레나 자수를 감각적으로 변형하여 수제품을 흉내 낸 경우도 있다. 진짜 수제품과 대량 생산 제품을 단번에 구별하기는 힘들다. 경계는 대개 흐릿하다. 그렇다면 애써서 손으로 만들 이유가 있을까?

팝콘이 설명한 '인간의 손'은 엄밀히 말해서 진짜인 것 혹은 우월한 감각의 보상을 바라는 미적 욕구가 아니라 유일성의 추구와 핀

싱어 재봉틀

련된다. 팝콘이 보기에는 사회적 개체 안에서 대량 생산 제품은 최고의 결핍이다. 대량 생산은 인간의 욕구를 최대한 충족시킬 수 있다는 위업을 달성했다. 해마다 125억 켤레나 되는 신발이 중국에서 만들어진다. 언론인 맷 스키아벤차Matt Schiavenza가 미국 시사 잡지《애틀랜틱》에 기고한 글에 따르면 "전 세계 모든 남성, 여성, 아동이 두 켤레씩 가져도" 충분한 양이다. 그런데 이러한 성취로 인해 또 다른 '욕구', 즉 남과 다르고 싶다는 개인의 욕구가 약해졌다.

최대한 있는 그대로 말하면, 수제품에 대한 감식안으로 개성을 추구하는 것은 물건을 통해 인정받거나 지위를 얻거나 차별화하려는 물질주의적인 개인의 분투다. 더 상세하게 말하자면 개성과 개인적인 표현을 추구하는 것, 선진 자본주의에 의해 확산된 대량의 동일성과 표준화 분위기 – 지리학자 데이비드 하비가 말한 대로 "결국 선진 자본주의 세계에서 줄줄이 생기는 거의 모든 쇼핑몰에 베네통이나 로라 애슐리의 상품들이 놓이게 되는 논리" – 속에서 강화된 욕구를 추구하는 것이다.

하지만 이 두 가지 설명은 수제품의 새로운 인기를 설명하기에 충분할 정도로 설득력 있거나 포괄적이지는 않다. '인간의 손'에 대한 갈망에는 뭔가 더 있는 게 분명하다.

누구의 손으로?

토끼 두 마리가 완성됐다. 다음 날 아침, 나는 밤늦도록 만든 작품을 자세히 뜯어봤다. 팔과 다리는 만족스러운 형태로 달려 있었다. 접었을 때 어설픈 포옹 자세를 취하거나 바닥에 선 내가 사노 닐브니를 근비끼 페 있었다. 미끼는 헝겊 조각들로 속을 가득 채워 모양이 잘 잡혔다. 이제 막 치아가 나기 시작한 아이가 깨물어도 너끈히 견딜 만큼 단단했다. 안정적인 구도의 튼튼한 두 토끼의 얼굴에는 수수께끼 같은 까만 펠트 눈, 수놓아 만든 러스트핑크 코가 있었다. 러스트핑크 실로 박은 단순한 러닝스티치가 속을 채우지 않은 귀를 서 있게 만들어서 그게 귀라는 의미를 더해주었다. 토끼 인형에는 만드는 과정 내내 했던 결정의 흔적, 좋든 나쁘든 그걸 만든 사람인 나의 흔적이 남아 있었다.

리처드 세넷은 제작자가 - 종종 의도적으로 남기기도 하는 - 제작자 인印으로 물건에 남긴 흔적에 대해 설명했다. 이 흔적들은 "움직이지 못하는 물질에 부여한" 간단한 신술서나. "내가 이것을 민들었다", "나는 여기, 이 작품 안에 있다", "나는 존재한다"라는 말을 하고 있는 것이다. 존재의 "근원적인" 메시지다. 토끼 인형은 그 결함이 뭐가 됐든 나를 품고 있었다. 나는 여기, 토끼 인형들 **안**에 있었다. 자유로운 내 노동의 증거였고, 내가 주는 나의 것이었다.

내 손과 마찬가지로 인간의 손은 대량 생산의 도처에 존재한다. 거의 대부분 기계화됐다고 생각하면 오산이다. 로봇 팔이 모든 생산 업무를 담당한다는 생각은 환상이다. 일부 과정은 자동화되거나 다수의 노동자들에 의해 생산되지만 특히 직물을 만드는 데 있어 손은 핵심적이다. 그런데 노동자들의 손과 노동력은 익명이며, 그들이 만들어낸 물건으로부터 소외된다. 철학자 카를 마르크스는 "노동자는 자신의 노동력에서 나온 생산물과 생경한 사물로서 관계를 맺는다"고 했다. 결국 우리는 생산 과정에 따라 물건의 생산자들로부터 멀어진다. 물건이 상품으로서 가게에 당도할 무렵 제작자의 존재를 드러내는 제각각 구별되는 흔적들은 희미해지거나 지워져버린다.

이는 표준화된 대량 생산의 논리적 귀결이다. 손으로부터의 소외는 교외 변두리나 의류 산업 단지처럼 멀리 떨어진 곳에서 생산되면서 더욱 심화된다. 낮은 인건비를 찾아다니다 보면 완제품의 구매자가 있는 곳으로부터 수천 킬로미터 떨어진 장소에서 상품을 만들어낼 수밖에 없다. 작가 이저벨 힐턴 Isabel Hilton이 10년도 더 전에 영국 문예지《그랜타 Granta》에 실은 에세이를 보자. 힐턴은 중국 광둥 지방이 전 세계에서 사용되는 어마어마한 양의 물건을 어떤 식으로 생산하는지 관찰했다. 광둥 지방에서는 "전 세계에서 쓰는 복사기·전자레인지·DVD 플레이어·신발의 3분의 2, 디지털 카메라의 반 이상, 개인용 컴퓨터의 5분의 2"를 생산했다. 힐턴은 "광둥의 비즈니스는 물건 만드는 일이었다"고 표현했다.

이러한 생산 방식은 우리가 물건과 관계 맺는 방식에 영향을 미친다. 철학자 매튜 크로포드의 표현을 빌리자면, 저비용과 맞물린 노동의 익명성은 잠재적으로 물건과의 심층적인 관련성에 대한 부담을 덜어준다. 물건은 각 부분의 총합일 뿐이다. 그래도 의문은 계속 난다. 저렴하다고 좋은 걸까? 노동자를 착취하는 근로 조건, 공장에서 벌어지는 사망 사건, 아동용 크레용 안에 석면이 들었다는 뉴스가 잊을 만하면 터질 때마다 멀리 떨어져 사는 소비자들은 몸서리친다. 일상생활에서 손 뻗으면 닿는 거리에서 생산하도록 바꾸는 게 얼마나 중요한지를 드러내는 단면이다. 이미 시작된 의문은 강화된다. 어쩌다 우리가 제작자보다는 구매자 혹은 힐턴이 지적한 대로 당분간만 우리를 위해 작동하는 시스템 내에서 의존적인 최종 단계의 사용자가 되었는지 의아해진다. 당분간만이라니. 더 들어가면 오직 일시적일 뿐이라는 점에도 의문을 제기하게 된다.

서구 사회의 '인간의 손'에 대한 욕구는 더 광범위한 노동력과 생산 체제의 복잡한 관계 안에 존재한다. 그런데 수제품은 시스템,

익명성, 거리에 저항하면서 물건과의 관련성을 심화하고 물건을 만들어내는 상세한 과정을 상상하도록 이끈다. 누구의 손으로? 어디에서? 어떤 조건으로? 어떤 독자성과 리듬으로?

상상의 손

환경론자인 작가 타니아 하Tanya Ha가 최근에 쓴 글을 보자. "이상하게 들릴지 몰라도 나는 가끔 제일 마음에 드는 옷을 눈 감고 만져보면서 그 옷을 만든 모든 손을 상상해보는 것을 좋아한다. 섬유를 키운 농부로부터 시작해서 많은 제조 단계를 거쳐 최종적으로 나에게 오는 과정을." 대부분의 물건을 만드는, 사슬처럼 이어진 인간의 손을 상상해보는 것은 흥미로운 사고 실험이다. 하Ha는 '책임 혁명'이라는 것을 뒷받침하는 창의적인 활동을 하고 있다. 이러한 사고 유형은 소비에 몰두하느라 초래된 사회적·정치적·환경적·윤리적 결과에 대한 광범위한 우려로 이어진다. 다양한 '혁명' 안에서 수제품은 조용히 저항해간다. 이에 대해 사회학자이자 활동가인 베티 그리어Betty Greer는 이렇게 말한다. "지나친 편의성과 남용, 과소비의 시대에 내 돈이 어디로 가는지, 내 옷차림이 어떤지, 인생을 어떻게 살 것인지와 관련해서 다시 주도권을 잡을 수 있나."

싱어 재봉틀

지리학자 데이비드 하비가 확인한 바에 따르면, 세계적 제조 과정과 그로 인한 불확실성에 대응하는 방식에는 일반적으로 두 가지 접근법이 있다. 첫 번째는 실존적으로 안심하기 위해 과거를 바라보는 것이다. 두 번째는 세계 시장 밖에 있는 감성을 위해 현지에 눈을 돌리는 것이다. 우리는 현지에서 다른 것과 구별되고 독특한, 그리고 가장 결정적으로는 크래프츠 카운슬에서 분석한 것처럼 "세계화된 분배 시스템을 통해 어디서든지, 뭐든지 가능한" 동질적인 쇼핑몰 세계의 바깥에 존재하는 특성을 발견하고 싶어 한다. 일반적으로 수제품은 두 가지 대응 방식을 모두 가능케 한다. 현지 생산자의 생산물로 1950년대와 1960년대의 희미해진 확실성에 대한 향수를 불러 일으키는 것이다.

핸드메이드 효과

     수작업으로 만든 물건이든 대량 생산된 물건이든 재봉틀처럼 기술과 더불어 인간의 손이 수반되는 게 일반적이지만, 수작업은 이상적인 작업 환경을 떠올리게 한다. 사회학자 콜린 캠벨Colin Campbell에 따르면, 수작업에서는 누가 어떤 조건에서 기계를 통제하는지가 가장 중요하다. 수작업을 하는 사람은 무엇을, 언제, 어떻게 바느질할지 통제하지만 공장에서 기계를 돌리는 사람은 공장 시스템의 명령에 따라야 한다. 이 경우 바느질 작업은 공장에 맞춰야 하고, 지퍼나 단을 바느질하는 것처럼 반복적인 도급일로 분류되기 일쑤다. 수작업을 하는 사람에게는 공장 근로자에게 없는 것이 있다. 바로 자율성과 통제력, 그리고 처음부터 끝까지 전체 과정을 완수했다는 만족감이다.

     하지만 이 경우에도 시장 때문에 경계가 흐릿해진다. 2013년 온라인 수공예품 소매시장인 엣시는 수작업을 새롭게 개념화했다. 현재 논란이 되고 있는 확장된 정의에는 제품 생산을 위해 직원을 고용하고 상품을 출하하는 제조자들도 포함된다. 엣시의 니콜 밴더빌트Nicole Vanderbilt는《몰리 메이크스[*Mollie Makes*]》라는 잡지에서 이렇게 밝혔다. "우리는 수작업을 특정 방법이나 과정이 아니라 일련의 가치라고 정의하기로 했다." 인간의 손이 수제품을 만든다는 정의는 이제 당연시되지 않는다.

최근의 불분명한 정의에도 불구하고, 수작업이라는 용어는 여전히 고유한 리듬으로 일하는 손, 다른 것과 차별화되는 제작자의 정체성을 반영하는 완제품과 더불어 자유롭고 창의적인 노동에 대한 이상을 떠올리게 한다. 수작업은 기술, 기교, 창의성, 자유에 대해 심도 있는 생각을 하게 만든다.《핸드메이드 인 멜버른》이라는 안내 책자를 펴낸 제프 슬래터리Geoff Slattery가 이렇게 표현했듯이 말이다. "핸드메이드라는 용어는 그 속성을 대단히 잘 표현해준다. 핸드메이드는 평범한 재료나 물질을 목적이 있는, 대개는 무척 아름다운 사물로 바꿔놓는 능력과 총체적인 창의성의 감각을 이끌어낸다. 그 두 가지를 모두 달성할 수 있는, 드문 기술이다."

이는 수제품의 잠재적 구매자와 소비자에게 아주 현실적인 영향을 미치기도 한다. 마케팅 교수인 크리스토퍼 푹스Christopher Fuchs, 마르틴 슈라이어Martin Schreier, 슈티인 M. J. 판 오셀레어Stijn M. J. van Osselaer는 최근 오스트리아, 네덜란드, 미국 세 나라에서 진행한 연구 결과를 설명하기 위해 '핸드메이드 효과'라는 용어를 만들어냈다. 이들은 어디서 왔는지도 모르는 물건보다 수제품이 소비자에게 더 매력적으로 보일 뿐 아니라, 특히 사랑하는 사람에게 줄 선물을 사는 경우 소비자는 수제품에 꽤 많은 돈을 지불할 용의가 있다는 사실을 알아냈다. 이 결과는 소비자가 '최상의 거래'를 찾아다니는 합리적이고 경제적인 의사결정자이거나 광고에 속은 사람, 둘 중 하나라는 전통적인 가정을 뒤집는다.

'핸드메이드 효과'란 과연 뭘까? 푹스와 동료들은 사람들이 수제품에 긍정적인 의미를 투사한다고 봤다. 수제품을 그 용어만으로 중립적으로 평가하는 대신 합리적이고 경제적인 의사결정자답게 제작자에 대한 믿음을 물건에 불어넣는다. 직접 볼 수는 없어도 정말로 사랑, 기술, 창의성을 담은 노동으로 자유롭게 만들어졌다고 추정하기 때문에 그 물건을 가치 있게 여긴다. 사람들은 특정한 인간이 손으로 만든 물건에는 제작자의 본질이 어느 정도 들어가 있다고 생각한다. 이런 물건은 만든 사람에 대해 뭔가를 포착하여 보여준다. "인간의 손길이 닿은" 것은 구매자의 마음속에 단일한 의식으로 실제 제작자에 대한 환상을 불러일으킨다.

이러한 긍정적인 확산은 제작자와의 직접적인 접촉으로 강화된다. 엣시의 최고경영자 채드 디커슨Chad Dickerson은 수제품의 구매자와 판매자 사이의 직접적인 관계가 본인 회사의 결정적인 성공 요인이라고까시 밝혔다. 2013년 한 인터뷰에서 그는 이렇게 말했다. "모

싱어 재봉틀

든 거래의 마무리 단계에서 진짜 사람으로부터 진짜 물건을 받게 되
죠. 거기엔 실존적 만족이 있습니다." 이런 식으로 수제품은 소외감
을 느끼게 하는 소비지상주의적 세계에서 위안이 되고 있다.

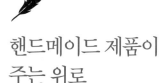

핸드메이드 제품이
주는 위로

왜 수제품에서 위안을 찾는 걸까? 아마
추어 수작업과 함께 수제품이 인기 있는 이유는 대부분의 직장생활
에서 느끼는 결핍으로 어느 정도 설명된다. 세계화된 양식과 경향을
더는 피할 수 없고, 평생직장 역시 당연시될 수 없기 때문에 우리의
삶은 예측 불가능하고 위험하며 불가항력적이라는 느낌이 든다. 이
에 대한 대응으로 나온 것이 바로 수제품을 사거나 만드는 것으로의
도피다. 수제품은 철학자 매튜 크로포드가 얘기한 "이해할 수 있는
세계"를 향한 인간의 심층적인 욕구에 응답한다. 크로포드는 이렇게
주장한다. "대다수 사람들은 가정생활에서 책임감을 간절히 열망하
게 되는데, 이는 어쩌면 (부분적으로) 인간의 노동력(인력)을 기대하
기 힘들어진 노동계의 변화에 대한 반응일지 모른다." 미국 공예가
이자 다큐멘터리 영화 제작자인 페이스 러빈 Faythe Levine은 《핸드메이
드 나라: DIY · 예술 · 공예 · 니사인의 부활》에서 "삶에 대한 통제권

싱어 재봉틀

을 쥐는” 데 있어서 전통 기술을 발달시키고 공예 집단의 일부가 되는 게 중요하다고 설명하면서 “내가 만든 것으로 내 운명을 만들어 가고 있다”고 말한다. 핸드메이드 작업을 통해 자신이 능동적인 행위자라고 느낀다는 것이다.

요크대학교의 콜린 캠벨은 특히 학력 수준이 높은 중산층 전문가 그룹이 지위나 천직, 안정성의 상실을 가장 예민하게 받아들이는 부류라고 주장한다. 수제, DIY, 리폼의 인기가 상승하는 이유 역시 이 부류의 사람들이 후기 자본주의에서 직업적 삶을 상실하면서 보인 반응으로 설명할 수 있다. 근로자들은 “그 전에 일의 세계에서 표출하던 창의적인 에너지의 방향을 여가의 세계로 전환하고 …… 공적 영역에서는 이제 가능하지 않다는 걸 알게 된 만족감을 사적 영역”에서 찾게 되었다. 사람들은 전통 기술을 소중히 여기고 공예 활동에 참여하며 수공예품을 소비함으로써 안정성과 지속적인 가치에 대한 갈망을 표현한다. 특히 전문직 종사자들이 기분 전환, 위안, 그리고 무미건조하며 불만스러운 삶으로부터 도망치는 여가 활동으로 단순 작업에 몰두할 때 이러한 갈망이 강해진다.

베티 그리어는 칸막이가 쳐진 사무실에서 전화나 받는 따분한 직장인으로서 느낀 소외감을 처음 해보는 뜨개질의 추동력으로 삼았다. “수십 년 동안 실력을 연마할 수 있는 새로운 것을 배운다는 생각, 나에게 위안이 되고 …… 내 두 손을 바쁘게 만드는 뭔가를 배운다는 생각에 …… 흥분되었다." 이러한 활동은 눈에 보이는 실재하는 물건으로 노동력의 유일한 실현을 표출하는 것일 수도 있다. 카를 마르크스가 말했듯이 실현은 "성취, 성과, 실제로 뭔가를 만드는 것"이다. 만들어낸 물건이 숙련되고 창의적이며 자유로운 노동력의 물질적 증거, 즉 현대 사회의 노동에서 배출구가 결여된 우리 존재에 대한 증거가 되는 것도 당연하다. 연구자인 엘리자베스 굿맨Elizabeth Goodman과 다니엘라 로스너Daniela Rosner는 이렇게 말한 바 있다. "일상적인 취미로서 여가 활동으로 하는 수작업은 적절한 상황에서 힘든 일을 하는 즐거움에 초점이 맞춰지기도 한다."

당연한 얘기지만 어떤 제작자들은 자존감에 대한 심리적 힘을 말하기도 한다. 리베카 잡슨Rebecca Jobson과 함께 《수공예 친구The Craft Companion》를 쓴 저자이자 크래프트 빅토리아Craft Victoria의 공공 프로그램 담당자인 라모나 배리Ramona Barry는 스스로 물건을 만드는 과정과 그 결과물이 자존감에 어떤 영향을 미치는지에 대해 이와 유사한 설명을 한다. 배리는 수공예에 대해 이렇게 말한다. "나 자신을 자랑스러워하는 방법을 제시해줍니다. 그런 점에서 지금까지 만난 친구 가운데 최고예요."

싱어 재봉틀

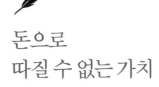

돈으로
따질 수 없는 가치

심리학자 미하이 칙센트미하이에 따르면 "연대감과 관계성을 나타내는 비싸지 않은 물건이 어떤 경향이 있는지 주목하는 것은 굉장히 흥미롭다. 추억, 존경, 사랑의 징표에는 일반적으로 사소하지만 본질적인 가치가 있다. 그리고 그러한 징표 안에 들어간 노동력은 보통 자발적이다." 토끼 몸통 조각들을 하나로 잇는 바느질을 끝낸 뒤 뭉툭한 가위 끝을 천 속으로 밀어 넣을 때, 나는 첫 번째 선물이 완전체가 됐다는 사실을 알았다. 뒤죽박죽 늘어진 실들과 다듬어지지 않은 가장자리가 몸통 안으로 사라지자 토끼 두 마리가 완성되리라는 느낌이 왔다. 길쭉하고 가느다란 한쪽 팔이 나온 다음 다른 쪽 팔이, 뒤 이어 한쪽 다리와 다른 쪽 다리가 나왔다. 성공!

내가 왜 이걸 만들고 있었는지 마침내 알게 되었다. 1년 전에 회색 플란넬 천을 사둔 게 왜 옳았는지도. 평평한 회색 천을 뭔가로 바꾸고 싶다는 나의 바람은 옳았다. 선물하기 위해 진정으로 내 것인 뭔가를 만든 건 옳았다. 키보드나 계산대에서는 찾을 수 없는 '나' 자신과 그 가치를 떠올릴 수 있었다. 미국 시인 토머스 페이버Thomas Faber의 표현처럼, 성공하지 못할 것 같았던 토끼 두 마리는 마지못해서 하는 세계가 앗아간 무수한 낮과 밤을 대변했다. 물론 말랑말랑한 장난감을 사는 편이 더 빠르고, 쉽고, 돈도 덜 들었을 것이다. 하지만 내 노고의 가치를 따지자면 비교할 수가 없을 것이다. 수제품은 시장을 초월한 가치가 있으며 우리도 그러하다는 약속을 함축하고 있다.

싱어 재봉틀

빈 서랍

The Empty Drawer

그녀와 소중한 물건들의 관계, 그리고 그녀가 그동안 기울여온 열정은 전혀 고려되지 않았다. 그녀는 오래 기다려온 그 물건들을 갖기 위해 일하고, 꼼꼼히 살펴서 골라 오고, 서로에게 그리고 그 집에 가치 있도록 만들고, 쭉 지켜보며 사랑하고 함께 살았던 것이다.

_헨리 제임스, 《포인튼의 전리품The Spoils of Poynton》

제스처

택시가 오고 있었다.

"이것 좀 봐." 그녀는 서랍 안으로 손을 뻗어 수놓인 냅킨 한 묶음을 꺼냈다. 냅킨은 끈으로 깔끔하게 묶여 있었다. 이 끈, 나는 그녀가 해외로 부치던 밀랍 바른 갈색 종이 소포에 묶여 있던 끈이란 걸 알아챘다.

"이 수예품 정말 멋지지 않니?" 먼 친척이 놓은 자수로 내 관심을 끌려고 그녀가 물었다. 그 친척의 이름을 반드시 알아둬야 할 것만 같은 기분이 들기도 했지만 나는 그러지 않았다.

"네, 멋지네요."

"갖고 싶니?"

"오, 아녜요, 할머니 거잖아요." 나는 예의상 재빨리 덧붙였다. "전 할머니만큼 진가를 알아보지 못할 거예요. 나중에 필요하실 수도 있고요."

할머니가 방을 나간 뒤 나는 볼록 튀어나온 내 배낭이 불안한

빈 서랍

지퍼를 다시 확인해봤다. 집까지 그 먼 거리를 버텨줄까?

잠시 뒤 할머니는 처음 보는 끈으로 묶은 상자 하나를 들고 돌아왔다.

"이 부츠를 보여주고 싶어서. 진짜 이탈리아산 가죽이란다."

황갈색 긴 부츠. 수십 년은 됐지만 아직 새것 같았다. 할머니는 쇼윈도에서 그 부츠를 보자마자 첫눈에 사랑에 빠졌고, 할부로 돈을 내느라 몇 달을 일했다고 했다. 할머니는 그 부츠를 신은 근사한 모습을 보여주곤 했다. "아주 세련돼 보였지." 할머니가 말했다. 나는 열심히 일하는 한 젊은 여성의 모습을 상상해보았다.

"마음에 드니?"

"그럼요."

할머니와 나 사이에 흐르는 60년이라는 세월을 건너며 나는 어깨를 으쓱했다.

"갖고 싶으면 가지렴."

어쩌다 이렇게 됐지? 나는 혼란스러워하면서 지금 무슨 소리를 들은 건지, 왜 그런 소리를 들어야 했는지 천천히 따져보려고 했다. 비행기를 타면 가장 좋은 상황에서도 불안에 떠는 나는 앞으로 닥칠 기나긴 비행에 온정신이 팔려 있었다. 5주 뒤면 인생을 통째로 등에 짊어지고서 집으로 돌아가야 하는데, 아무 중고 가게에서나 찾을 수 있는 굽 높은 부츠든 뭐든 비행기로 실어 나르고 싶지 않았다. 이런 얘기를 하려고 막 입을 떼려는데 할머니가 다시 말했다.

"그냥 한번 신어보렴."

택시는 아직 오지 않았다. 한번 신어보지 뭐, 하고 생각했다. 나는 냄새가 고약한 운동화를 벗어던지고 신데렐라의 언니처럼 우스운 꼴로 자그마한 부츠 안에 발을 욱여넣었다. 할머니는 나와 부츠를 보면서 활짝 웃었다. 그 제스처가 당황스러웠지만, 나는 할머니의 선물을 거절할 수 없었다.

15년 뒤 지구 반대편에 있는 내 옷장 서랍에서 그 부츠를 꺼내니 모순된 감정과 당혹감이 되살아났다. 할머니가 돌아가신 지는 10년도 더 됐다. 나는 이제 젊은 배낭여행객이 아니고 중년의 엄마가 되었다. 하지만 부츠는 변하지 않았다. 여전히 새것처럼 보인다. 심지어 할머니가 돌아가시던 그해에 다시 유행이 됐는데, 그걸 보고 할머니가 기뻐했을지 궁금하다. 하지만 부츠를 신은 건 몇 번 안 된다. 내 것으로 만들려고 애썼지만 실패했다. 너무 작은 것도 문제지만 무엇보다 내 타입이 아니었다. 단 한 번도. 부츠는 내가 물건과 맺은 관계 중에서 가장 이상한 관계 가운데 하나였다. 부츠를 소유했지만 내 것이 아니었다.

나는 그저 관리인이었다. 당분간만. 할머니는 왜 내가 부츠를 갖길 바라셨을까? 나는 왜 그걸 받아들였을까? 부츠를 도로 챙겨 넣던 나는 이런 질문에 대답해본 적이 한 번도 없었다는 사실을 깨달았다.

빈 서랍

살아서나 죽어서나

철학자 시몬 드 보부아르는 《아주 편안한 죽음》에서 어머니의 죽음에 대해 이렇게 서술했다. "모두 물건의 힘을 안다. 인생의 어떤 찰나보다도 더 직접적으로 존재하는 물건 안에서 삶은 확고해진다." 하지만 물건에 생기를 불어넣고 의미를 부여하는 생명이 없다면 물건의 중요성은 증발해버린다고 덧붙였다. 생명이 없는 물건들은 "고아가 되고, 쓸모없어지고, 쓰레기로 변하거나 또 다른 정체성을 찾으려고 기다리게 된다"는 것이다. 대다수 사람들은 가장 의미 있고 사랑하는 소유물이 이런 결말을 맞지 않길 바란다.

소유물은 삶과 죽음, 상실과 흥미로운 관계가 있다. 그것들은 눈에 거의 보이지 않는, 평범한 일상 속에서 우리를 지지해주는 버팀목이다. 드 보부아르에 따르면 소유물은 순식간에 지나가버리는 인생에 눈으로 볼 수 있고 손으로 잡을 수 있는 단단한 형태를 부여한다. 견실한 물질세계가 지속성에 닻을 내리게 하고 인간 존재의 덧없음을 어느 정도 보상해줄 수 있다. 드 보부아르가《노년》에서 서술했듯이 말이다. "우리에게 속한 물건들은 말하자면 습관으로 공고해진다. 적절한 행동이 반복되는 특정한 형태의 흔적. …… 이 안락의자는 매일 저녁, 내가 거기 앉기를 기다리고 있다."

익숙한 물건들을 가지고, 소유하고, 사용하는 것은 상당한 시간과 노력, 돈을 바쳐야 하는 아주 결정적인 삶의 한 부분이다. 작가 도미니크 브라우닝Dominique Browning도 최근 미국 일간 〈뉴욕타임스〉에서 이렇게 주장했다. "평생 우리는 물건을 찾고 파헤치고 뒤진다. 그게 바로 인간이라는 것이 의미하는 바다."

하지만 소유물에 대한 의존은 공포와 불안의 근원이기도 하다. 물건들이 일상생활에 닻을 내리는 순간 그 닻은 심리적으로 부담스러운 무게가 되기 쉽다. 그런데 어느 단계에 이르면 우리의 죽음과 함께 수명이 줄어들 물건에 집착하는 것이 다소 헛된 일이라는 사실을 깨닫게 된다. 사회학자 마거릿 깁슨Margaret Gibson도 솔직하게 털어놓은 바 있다. "죽음은 모든 물질적 소유물을 떠돌이로 만든다." 욕조마개나 빗자루 같은 일상적인 물건에서부터 결혼반지나 자녀들이 그린 그림처럼 귀중한 물건까지 일상의 물건은 언젠가는 인연이 끊어지게 된다. 플랑드르 지방의 정물인 '바니타스'(Vanitas; 라틴어로 '인생무상'이라는 뜻으로, 세속적인 삶이 짧고 덧없다는 것을 상징하는 해골, 유리잔, 책, 깃털 등을 소재로 그린 그림 - 옮긴이) 화가들이 그림을 통해 알

빈 서랍

려주려고 공을 들였던 것처럼 말이다. 아름다운 소유물이 아무리 많아도 사람은 누구나 죽는다는 사실을 바꿀 수는 없다. 소유물에서 발견한 기쁨과 위안에도 불구하고 물건들은 우리 없이도 오래 지속될 것이다. 열렬히 사랑받은 그 부츠도.

사물의 무게

내 허를 찌른 것은 부츠 선물만이 아니었다. 너무나 소중한 물건을 주면서 보여준 할머니의 편안하고 가벼운 태도도 놀라웠다. 나로 말하자면 신발에 관한 한 아주 무신경한 사람이다. 할머니도 내 운동화 상태를 잘 알았다. 쉽게 부그 ㅣ 주던 할머니의 모습은 나이든 사람들에 관한 일반적인 믿음과 모순되었다. 소유물에 터무니없이 집착하는 바람에 종종 그 과정에서 다 큰 자녀들과 멀어지거나 그들을 화나게 만든다는 생각 같은 것 말이다. 잊을 만하면 주말판 신문 지면을 채우는 병적인 저장강박, 부모가 살던 집을 치우는 비통함에 대한 이야기들과도 딴판이다.

물건들로 인한 갑갑한 비통함을 다룬 이야기를 보면 여력이 없을 때 소유물은 에너지를 쏟아야 하는 답답하고 걱정스러운, 실제적 혹은 예상되는 부담이다. 진짜 그런 경우도 있을 것이다. 특히 병적인 저장강박, 과도한 잡동사니, 크나큰 슬픔 혹은 질병이 뒤섞인 경우에는 말이다. 언론인 스테퍼니 우드Stephanie Wood는 최근 부모님이 살던 큰 집에서 노동집약적인 감별 및 분류 작업에 착수했던 일을 털어놓았다. 집에는 여러 세대를 거친 듯한 물건들이 지나치게 꽉 들어차 있었다. 우드는 이렇게 말했다. "이 과정에는 어떤 즐거움도 있을 수가 없었다. 부모 중 한 분이(혹은 두 분 다) 돌아가시거나, 돌아가시려 하거나, 보호시설에 있다는 것은 뭔가의 끝이지 결코 시작이 아니다. 우리 가족의 경우 아버지는 돌아가셨고 어머니는 비탄에 빠져 있었으며 나는 화가 났다."

우드는 자신이 "발굴"이라고 부른 것의 상반된 두 측면을 인정했다. "발굴"이란 책상, 벽장, 심지어 집 밑에서 산처럼 남겨진 물건들에 묻힌 가족 내력이라든지 특징들을 찾아내는 소소한 발견을 말한다. 이런 뜻밖의 보상에도 불구하고 우드의 글에 흐르는 지배적인 정서는 죄책감이 드는 분노였다. 우드는 다른 이가 남긴 어마어마한 짐을 처리하는 과정에서 벌어지는 시간 낭비와 무익함에 분개했다. 유리병처럼 사소한 것 때문에 슬픔에 잠긴 어머니와 충돌하기도 했다. 어머니는 버리지 말고 씻어서 중고 가게에 가져가야 한다고 고집을 부렸다.

전반적으로 더 건강하게 나이 들고, 더 오래 살고, 물질적으로 더 풍족해지면서 대다수 사람들이 이 문제의 양면을 알게 됐다고 할 수 있다. 우드 같은 사람들에게 이런 부담은 이미 맞닥뜨렸거나 예상되는 걱정스러운 일이다. 물건에 대한 책임감은 친족이 있을 경우 의미가 있다. 일이 간단하고 매끄럽고 수월하게 진행되기를 바랄지 모르겠으나 그건 지나친 기대다.

다만 이러한 예상은 만년 혹은 사후에 소유물이 어떻게 될 것인지 한쪽 면만 보여주는 그림이다. 이 경우 상실과 부담, 슬픔이 강조되고 더 긍정적인 면, 즉 주기, 가벼워지기, 희망은 간과된다. 긍정적인 측면까지 고려한 그림은 사람들이 그렇게 함으로써 어떤 식으로 죽음을 받아들이는 법을 배우는지, 그리고 어떻게 소유물과의 관계를 완전히 바꿔놓는지 더 차분하게 보여준다. 그것은 놓아버림으로써 좋은 죽음을 준비하는 이야기다. 소멸이 아니다. 내가 부츠를 받으리라는 걸 알게 뒤 할머니가 보여준 선뜻게 편안한, 인도감이다.

언젠가 죽을
운명 앞에서

부담과 상실에 관한 일반적인 이야기와 달리, 만년晩年에 들어서면서 죽기 전에 중요한 물건에게 새 주인을 찾아주려고 결단력 있게 행동하는 사람들도 있다. 이러한 행동은 인간의 한계에 관해 서서히 자각하면서 일어나기도 하고 질병이나 부상처럼 중요한 인생의 변화 때문에 급작스럽게 시작되기도 한다. 인류학자들과 사회학자들은 이 같은 과정을 투자 회수, 재고 축소, 해산 의식, 전달 작전과 같은 다양한 이름으로 불렀다. '전달 작전'은 인류학자 장세바스티앵 마르쿠Jean-Sébastien Marcoux가 만든 용어로, 개인이 시간이 흐르면서 막힘없이 반복하는 치우기·분류하기·주기라는 과제의 범위와 지속성은 물론 특히 그동안 물건에 해오던 것을 단호하게 바꾸는 것을 말한다.

할머니의 전달 작전은 뚜렷한 계기도, 당장의 필요성도 전혀 없었다. 아니, 나는 그 어느 것도 알아차리지 못했다. 할머니의 작은 집은 깔끔하게 정돈되어 있었고, 할머니는 움직임이 자유롭고 독립적인 건강한 80대였다. 향후 몇 년은 더 우리 집에 오기 위해 지구 반바퀴를 도는 장거리 여행을 할 수 있을 정도였다. 할머니가 끝에 거의 다다랐다는 생각을 하고 있다는 낌새는 전혀 없었다. 하지만 지금 와서 생각하니 집이 질서정연하고 정리정돈이 되어 있던 것은 어쩌면 할머니가 '작전'을 잘 수행하고 있다는 암시였을 수도 있었다. 할머니는 부츠를 주면서 어떤 망설임도 내보이지 않았다. 지금이야말로 헤어져야 할 때라고 이미 결심했다는 것을 내비치면서 말이다.

과단성 있게, 강력하게 놓아버리는 것은 점점 나이가 들어간다는 표시일 수도 있지만 그게 노인 특유의 행동은 아니다. 사회학자 앤 카르프가《인생학교: 나이 드는 법》에서 말했듯이 잘 늙는 것은 평생에 걸쳐 해야 하는 처분의 과정이다. 카르프의 주장에 따르면 처분을 실천하는 것 가운데 하나가 "지나온 인생에서 만난 친구, 오랜 역할, 심지어 재산"을 내줄 각오를 하는 것이다. "인생의 매 단계마다 다른 사람들이 키워나가게끔 애착을 버려야 한다. 앞으로 나아가려면."

그런데 물건을 놓아버리거나 이전하고픈 충동은 왜 만년에 갑자기 생기는 걸까? 왜 인생의 가을에 봄맞이 대청소 때문에 걱정하는 걸까?

이 문제에 관해서는 주요 시상기들이 죽음에 대한 사각을 계기

빈 서랍

로 든다. 누구나 언젠가 죽으리라는 걸 안다. 하지만 죽음은 관념적인 사실이다. 친구의 죽음이나 고령처럼 인생의 중대한 변화가 유한성을 더 생생하고 불가피한 것으로 만든다. 인류학자 베벌리 모리스Beverly Morris에 따르면 "죽음을 의식하는 문턱"에 이르면 소유물과의 관계가 근본적으로 바뀐다. 모리스는 일단 그 문턱에 다다르면 죽음에 대한 자각이 "처분하기" 행동을 하게 만든다고 설명한다. 문턱은 사람마다 다를 수 있지만 일단 문턱에 이른 다음의 행동은 분류하기, 폐기하기 혹은 그냥 주기, 계획하기라는 일반적인 궤도를 따르게 된다.

언젠가는 반드시 죽는다는 생각이 중요한 물건과 쉽게 사라질 물건을 명확하게 구분할 수 있게 한다. 이에 대해 소비자 행동 학자 러셀 벨크Russell Belk는 이렇게 말한다. "마음속에 간직한 물건들은 단순히 기능적인 것이 아니라 감정을 유발하는 특별한 것으로 경험된다. 그처럼 소중한 물건의 소유주는 대개 그런 물건을 시장가치에 따라 팔거나 처분해버리기를 꺼린다." 이는 우리가 없는 미래에 물건들이 어떻게 될지 진지하고 냉정하게 생각하는 것이기도 하다.

귀하게 여기는 물건의 가치는 부분적으로는 우리가 부여한 것으로, 우리가 없더라도 그 가치가 유지될 개연성은 낮다. 사회학자 조너선 막스Jonathan Marx, 제니퍼 크루 솔로몬Jennifer Crew Solomon, 리 Q. 밀러Lee Q. Miller가 진행한 연구에 나오는 한 노부인은 가보를 처리하면서 이렇게 말했다. "여기 계속 있지 않겠죠. 결국 다 사라질 거예요." 소중한 물건을 안전한 손에 넘겨주지 않은 경우 그 물건의 가치는 다른 사람들이 사거나 처분하기 위해 지불할 적나라한 시장가치로 축소될 것이다.

남겨진 물건들

취향에 관해 연구한 역사학자 제임스 레이버James Laver는 "인생의 장식보다 더 확실하게 자신의 일부인 것은 없다"라고 했다. 죽음에 있어서 물질적 유산은 자아에 대한 이야기를 들려주게 된다. 죽음을 마주한 이들은 때로는 이 이야기를 만들기 위해서라면 무엇이든 한다. 그들은 물건을 버리거나 심지어 파괴할 수도 있다. 편지를 불태우고 최고의 예술작품이나 공예품만 보관한다. 이는 사생활 보호라는 강렬한 소망 때문일 수도 있지만, 살아 있는 동안에는 자신을 어떻게 볼지, 죽은 뒤에는 다른 사람들이 어떻게 볼지 결정하는 적극적인 시도일 수 있다. 몇몇 물건을 없애서 그 물건들 혹은 특별한 행동과의 관계 소멸을 선택하는 것이다. 작가 헨리 제임스는 평생 받은 수많은 사적인 편지를 불태우고, 다른 사람들에게도 자신이 보낸 편지를 똑같이 처리해달라고 부탁했다. 어떤 사람에게는 이런 글까지 써 보냈다. "내가 보낸 편지를 불이나 촛불에 태워버리게(만일 둘 중 하나라도 있다면 말일세! 둘 다 없다면 편지를 들고 바다에 들어가서 바닷물에 잉크를 빼버리게)."

그런데 헨리 제임스의 행동은 수줍음 많고 유명하며 자기애가 몹시 강한 사람에게 국한된 행동은 아니다. 이러한 행동은 죽음이 가까이 다가온 보통 사람들에서도 관찰된다. 사회학자 데이비드 언러David Unruh는 이렇게 주장한 바 있다. "죽기 전에 사람들은 자기가 죽은 뒤에도 살아갈 이들에게 개인적 정체성의 단서들을 설명하고 배분한다." 인류학자 베벌리 모리스도 유사한 주장을 했다. "사후에 남을 자신의 이미지를 몹시 걱정하는 사람들의 경우 개인적인 소유물을 선정하고 나눠주는 일은 이미지 관리를 시도하는 것이 된다." 이런 행동은 우리가 기억되는 방식을 형성하는 데 있어서 적극적으로 개입하려는 최후의 전략적인 시도다.

나는 노년이 되는 게 어떤 기분인지 아직 잘 모른다. 앞에 놓인 삶보다 살아온 삶이 더 많다는 사실만 확실히 알 뿐이다. 기껏 해봐야 '10년 더' 남았다는 엄마의 농담처럼. 하지만 병들고 약한 게 어떤 기분인지는 잘 안다. 등 뒤로 바싹 걸어오는 '영원한 하인'의 소리를 몇 번이나 들었다. 내 시간이 한정되어 있음을 강렬하게 느꼈다. 그 때문에 나는 물건에 대한 애착을 완전히 재형성했다. 두세 가지 물건만 선택해서 애착을 강화하고 나머지 물건에 대해서는 애착을 줄였다.

나는 오래 간직한 가정들이 아주 신속하게 뒤바뀌는 것에 놀랐다. 갑작스러운 입원 후 약해진 몸으로 집에 돌아오자, 몇 주 전만 해도 필요하다고 여겼던 물건들에 대한 애착이 느슨해졌다. 완성되기를 손꼽아 기다렸던 공예 작품들, 그저 흥미 때문에 모은 잡다한 물건들이 의심스러워졌다. 심각한 병을 앓으면서 미래가 유한하다는 사실을 알게 됐다. 염원을 전부 다 이루고 모든 것을 경험할 시간이 없을 수도 있었다. 결코 시작하지도 않을 미완성 계획들에 둘러싸여 있고 싶지 않았다. 그 물건들은 내가 탐욕스럽게 집착했지만 실현 불가능한, 방향성 없는 잡동사니들이었다.

그날 밤 만약 응급실에서 죽었다면 다른 사람들이 봤을 수도 있는 내 방을 둘러봤다. 더는 '만약'이 아니었다. 내가 죽었을 '때'였다. 퇴원해서 집에 왔던 날, 다리에 힘이 풀리기 전에 가까스로 침대 끝까지 걸어갔다. 그때 나는 주변을 쓸어버리고 모든 물건을 원래 상태로 재빨리 갖다놓고만 싶었다. 하지만 그것조차도 할 수가 없었다. 무력한 상태에서 나는 사랑하는 사람들이 내 물건을 세세하게 분류하기 위해 어떻게 할지, 결과적으로 그들이 나를 어떻게 볼지 깨달았다. 몸을 추스르자마자 물건들이 나를 더 잘 반영하도록 물건 가지치기를 시작했다. 다른 사람들을 위해서도 그렇지만 나 자신을 위해서. 여전히 나는 물질적인 사람이지만 더욱 의도적이고 까다롭고 비판적으로 선택하게 됐고, 물건에 덜 치이게 되었다.

코펜하겐 박물관에 유증된 소장품들을 연구하는 민족학자 레

네 오토Lene Otto와 뤼케 L. 페데르센Lykke L. Pedersen은 이렇게 주장한다. "물건들은 그냥 남겨진 사물이 아니다." 소장품들이 기억을 적극적으로 암호화하고 인생 이야기를 들려준다는 것이다. 그런데 그 이야기는 "살아온 인생에 대한, 눈에 보이는 증거"인 가공되지 않은 잔해 그 이상, 바로 남겨진 사람들의 기억 속에 우리 자신의 더 나은 측면을 보존할 기회일 수 있다.

빈 서랍

집 부수기

프랑스인들이 쓰는 표현 중에 'Casser maison(카세 메종)'이라는 게 있다. 문자 그대로 하면 '집 부수기'라는 뜻이다. 인류학자 장세바스티앵 마르쿠는 이 표현을 '집 부수기' 과정에서 사람들이 시도하는 것으로까지 확대했다. 치우기, 분류하기, 기억 만들기 다음에는 인심 좋은 최종 단계, 바로 개인적인 물건 물려주기 혹은 선물하기가 있다. 마르쿠는 이것을 "예정보다 일찍 상속을 실행하는, 자신의 죽음을 준비하는 일"이라고 설명한다. 이때 사람과 사람 사이에서 공통점이 있는, 어쩌면 심미적인 측면에서만 공통점이 있는 또 다른 사람을 찾는 일이 시작된다.

설령 그 자리에서 혹은 미리 어떤 물건을 받아들이지는 못하더라도 소유주의 행동을 지지하고 그 물건이 기억되었으면 하는 바람을 내보이는 것이다. 마르쿠가 지적한 바에 따르면 물건을 주는 행위는 "지속성에 대한 욕구, 스스로를 영원히 남게 하려는 욕구"를 표현하는 희생제의와 유사하다. 우리가 소멸하더라도 우리에게 속했던 뭔가가 계속 남아 있으리라는 희망을 드러내는 제스처다. 성공적인 전달 작전은 어떤 모습일까? 이렇게 분류된 집단은 어떻게 될까? 상속인은 어떤가?

정신분석가 지그문트 프로이트가 딸 아나Anna에게 물려준 유산과 비슷한 것을 소유물의 이상적인 이전이라고 보는 사람들도 있을 것이다. 프로이트는 아나에게 서재에 있던 고대 유물 수집품 – 명성이 자자했던 그의 '더러운 신들' – 과 지금도 유명한 상담용 소파, 장서를 남겼다. 프로이트가 1938년 나치가 점령한 도시 빈에서 런던으로 가족과 함께 도망쳐 올 때 가져온 것들이다. 프로이트는 이듬해에 죽었다.

프로이트의 물건들은 떠돌이가 되지 않았다. 아나는 아버지의 명성과 더불어 물건들을 지켰다. 빈에 있는 지그문트 프로이트 박물관에 기증한 몇몇 물품을 제외하고는 1982년 죽을 때까지 40년 넘는 세월 동안 런던 집에 아버지의 물건을 모두 보관했다. 지금 그 집은 박물관이 되었다. 재닌 버크Janine Burke는 아나의 전기《탁자 위의 스핑크스》에서 이렇게 서술했다. "1986년 7월 메어스필드 가든스Maresfield Gardens가 프로이트 박물관으로 일반인에게 개방됐을 때 모든 것이 프로이트가 남겨둔 상태 딱 그대로였다. 박물관을 방문한 사람들은 무덤처럼 고요하다는 느낌과 탄성이 절로 나온다는 인상을 받는다."

프로이트가 유산으로 남긴 물건늘이 보존된 것은 예외석인 경우다. 아버지의 명성을 지키기 위한 아나의 헌신, 아버지의 물건을 온전하게 보관할 수 있는 능력의 결과였다. 프로이트 박물관 역시 유명한 유산이 계속 남을 수 있도록 보장해왔다. 2013년에는 푹 꺼지고 닳고 닳은 상담용 소파를 복원하기 위해 5,000파운드(약 726만 원)가 필요하다고 호소하면서 모금 활동을 벌이기도 했다. 그 의자는 평범한 소파가 아니라 프로이트가 행한 '대화 요법'의 문화적 상징이다. 소파의 역사적·문화적 가치는 오늘날 물리적 쇠락보다 훨씬 중요하다. 프로이트 박물관의 관장대리 돈 켐프Dawn Kemp에 따르면 프로이트의 소파는 "어쩌면 세상에서 가장 유명한 가구"라고 할 수 있다. 프로이트의 명성 덕분에 그가 소유했던 물건들의 가치가 오래도록 지속될 수 있으며, 박물관의 소장품으로서 유지하고 보존하는 것이 가능하다.

하지만 아나 프로이트와 같은 입장의 성인 자녀들은 거의 없다. 부모의 물질적 유산을 온전히 보관하기 위해 자신의 공간을 포기하거나 자기 물건을 기꺼이 처분하려는 사람은 별로 없다. 보통 사람이 쓰던 소파와 장식품은 그게 인생에서 얼마나 중요했든지 간에 일반적으로 평범해지고 여기저기 흩어져버린다. 대부분 원래 주인과 연이 끊어지면 중요성을 유지할 가능성이 낮다.

물려받은 가구를 둘 만한 공간이 있는 상속자들에게도 그런 유산은 대개 애증이 엇갈리는 물건이 된다. 베벌리 모리스의 처분하기 행동에 관한 연구에 참여한 한 여성은 골동품으로 꽉 찬 집에서 살지만 자신은 수집가가 아니라고 딱 잘라 말한다. "다른 사람들이 모두 집을 떠났을 때 유일하게 남겨진 사람이 나였던 것뿐이에요. …… 그 물건들이 집에 있는 한 돌봐야 할 것 같았어요." 하지만 자신의 취향과는 거리가 한참 멀었다. 그 여성은 곰곰이 생각한 뒤 이렇게 말했다. "아뇨, 만약 모든 물건이 다 망가진다면 완전히 새로 시작할 거예요. 스웨덴풍의 모던한 걸로요. 그런 스타일을 아주 좋아하거든요."

전달 작전에서 또 다른 어려움은 요즘처럼 물건이 넘쳐나는 시내에 오래된 물건에게 십을 잊이가는 것이다. 키한요 번한다. 한때는 물려받는 옷이나 가보를 고마워하면서 받는 사람들도 있었다. 하지만 이제는 그렇지 않다. 대부분의 서구 국가들이 이룩한 상대적 풍요로움 덕분에 가장 가난한 시민들에게까지 물질적 자유가 확대되었다. 이러한 물질적 독립을 통해 개인적 선택이 증가했다. 우리는 가난이나 상속의 결과 우연히 물건을 갖게 되는 게 아니라 스스로 선택한 물건을 통해 자신을 표현할 수 있음을 당연하게 생각한다. 사회학자 조너선 막스, 제니퍼 크루 솔로몬, 리 Q. 밀러가 지적한 바에 따르면, 물질적인 사물이 점점 더 처분 가능한 것이 되면서 개인적 표현의 수단이 되는 방식이 더 복잡해졌다. 마케팅의 쉬운 먹잇감인 개인적 취향은 물건을 물려주는 것에 상낭한 장애물을 만들어낸다. 그 결과 물려받은 오래된 물건뿐 아니라 상대적으로 새것인 물건도 모두 평가절하된다. 이해를 공유하는 것도 아니고 물건의 가치를 인식하지도 못하기 때문에 대부분 그렇게 처분되는 추세를 따른다.

프랑스 인류학자 마르셀 모스의 유명한 주장에 따르면, 선물은 결코 의무에서 자유롭지 않다. 선물에 내포된 유일한 의무가 그 선물을 받는 것뿐이라 하더라도 말이다. 하지만 선물을 주겠다는 의사표시는 물건 자체보다는 관계와 관련된 여러 이유로 거부될 수 있다. 주는 동기, 그 물건에 내포된 의무 혹은 우월한 가치에 대한 무언의 가정에 의문이 들면 선물로 주어지는 물건을 거절하거나 거부할 수 있다. 작가 도미니크 브라우닝은 아들들의 집이 자기네 물건으로 꽉 찰 수 있다는 사실을 인정하면서도 그들이 자신의 물건을 가져가야 한다고 생각한다.

나는 아들들에게 이렇게 말하기 시작했다. "내가 죽으면 제발 창고를 빌려서 모조리 넣어버려. 진심이야. 너희는 너무 어려서 내가 산 물건들의 가치를 몰라. 언젠가 그 물건들을 갖고 싶어지면 창고에서 찾기만 하면 돼."

물건들과 그 물건들이 불러낸 기억들은 내 힘으로 어찌할 수가 없다. 브라우닝은 자기가 물려준 물건들을 통해 유대 관계를 계속 이어가겠다는 안심되는 말이나 행동을 바랐지만 - "어떻게든 내 물건들로 변신해서 벽과 선반에서 아이들을 내려다볼 것이다." - 물건들은 관리인을 따라다니면서 방해하고 지배할 수 있다. 선물은 일방적인 게 아니다. 대개의 경우 선물 그 이상을 받아들여야 한다. 상속인들은 자신들의 삶이 유산을 통해 만들어지는 것을 싫어할 수도 있다. 우리가 멋지다고 생각하는 물건이 타인에게는 다른 의미일 수 있다. 사회학자 데이비드 언러는 이렇게 주장한다. "잊을 수 없는 추억을 발견하는 사람도 있고, 고인과 유대를 이어가는 것을 대단히 즐거워하는 사람도 있다."

가시나 너그러워 친족이 기쁘게도 문제는 아니다. 어떤 사람이 부탁받은 물건의 가치를 알아본다고 해서 그 물건을 받아들이고 간직할 가능성이 있는 건 아니다. 시인 오거스트 클라인찰러August Kleinzahler는 《런던 리뷰 오브 북스》에 부모님 집을 치우는 과정을 담은 감동스러운 글을 실었다. 클라인찰러는 물리적 삶을 떼어내야만 하는 드러나지 않은 고통에 대해 얘기한다. "사실 나는 놓아버리기를 본능적으로, 심리적으로 주저했다." 돌아가신 아버지가 모은 물건들 - "작은 조각상, 특이한 유목流木 조각들 혹은 그가 주운 돌" - 은 어머니가 요양 시설에 들어갈 때까지도 늘 있던 자리에 있었다. 부동산 중개인들과 달리 클라인찰러에게 그 물건들은 단순히 끔찍한 장식품이 아니었다. "하나같이 아주 멋지고 흥미로웠다. 아버지는 훌륭한 안목을 지녔다. 하지만 그 물건들은 아마도 나를 제외한 다른 사람들에게는 가치가 없을 터였다. 그런데 나에겐 여유가 없었다." 집을 비워줘야 할 시간이 오자 그는 결국 그 물건들을 쓰레기통에 넣을 수밖에 없었다.

최상의 계획이 있더라도 사회학자 데이비드 에커트가 말한 '수용의 행동'이 없다면, 주려는 의사 표시는 허공에 붕 뜨게 된다. 물건이 얼마나 아름다운지, 희귀한지, 얼마나 사랑받았는지 상관없이 물건들을 두려 해도 허사일 수 있다. 마르쿠가 진행한 연구에 참여한 노인 가운데 전달 작전에 성공하지 못한 한 여성은 이렇게 말했다. "물건들이 다른 사람의 흥미를 끌었으면 했다. 나 자신에게는 중요했기 때문이다. 하지만 아무도 선택하러 오지 않았다. 아무도 초대에 응하지 않았다." 이유야 어떻든 아무도 원하지 않고 팔거나 그냥 줄 수도 없는 경우 전달 작전은 돌연 중단된다. 자기 자신이나 관계에 대한 증언, 물건에 쏟아부으며 살아온 삶에 대한 증언이 사라지고 만다. 아무도 자신의 물건을 원하지 않는다면, 특히 가장 좋아하고 즐거움을 줬던 물건이 그렇게 전락한다면 쓸쓸할 수 있다. 전달 실패는 사람들이 대개 부인하는, 인간은 근원적으로 혼자라는 사실을 드러낸다. 마르쿠의 주장에 따르면 물건을 안전하게 둘 곳이 없으면 자신의 고립감에 대해 생각할 수밖에 없게 된다.

근본적으로 타인은 우리만큼 귀중한 물건을 경험하고 그 진가를 알아볼 수 없다. 오직 우리만의 것이다. 따라서 소중한 물건을 놓아주는 과정의 핵심은 다른 사람들에게는 그 물건이 중요하지 않을 수도 있다는 사실을 인식하는 것으로 보인다. 어떤 연구자들은 공유하는 의미를 분명히 설명하고, 전달하고, 만들어내는 실질적인 전략과 더불어 엄격한 사랑으로 상대에게 이런 사실을 드러내 보이라고 권한다. 조너선 막스와 동료들은 이렇게 주장한다. "친족이 물건에 대한 애착을 공유하리라고 무턱대고 기대해서는 안 된다. 물건의 성공적인 이전에서 핵심 요소는 주는 사람에게나 가족의 역사에서 그 물건이 갖는 중요성을 받는 사람이 이해하는 것이다."

이러한 요소를 고려해 현실적으로 준비하면 전달에 상당한 장애물이 있더라도 물건들이 거처할 집을 확보하는 데 도움이 될 수 있다. 의미 있는 물건들을 전달하기 위해 적극적으로 준비하는 것이 좋을 수 있다. 어떤 사람들은 물건을 가졌으면 하는 사람의 이름, 물건의 개인적 중요성이나 그 물건에 딸린 이야기와 관련된 정보를 알려주는 라벨을 물건에 붙인다. 베벌리 모리스는 자신이 관찰한 바를 이렇게 전한다. "이것은 실제로 물건에 라벨을 붙이거나, 특정한 방식으로 물건에 표시를 하거나, 다른 곳에 정보를 적어놓는 식으로, 아니면 구두로 전달하는 식으로 이뤄졌다." 스토리텔링 역시 물건을 내주는 데 도움이 되는 것으로 보인다. 어떤 사람들은 물건들이 결국 누구에게 갈지 결정된 뒤에도 그 물건들과 함께 계속 살아 있게 된다.

이유의 한계

"검은 리본을 풀자" 시몬 드 보부아르의 여동생 푸페트는 "울기 시작"했다. 어머니의 죽음이라는 그림자 안에서 어머니가 쓰던 일상적인 물건조차 새로운 중요성을 띠었다. 푸페트는 말한다. "너무 바보 같아. 나는 물건을 숭배하는 사람이 아닌데도 리본을 못 버리겠어." 시몬은 돌연 그 리본을 가지고 있으라고 조언한다. 그러고는 독자들에게 이런 충고를 건넨다. "삶과 죽음을 합치려고 애쓰는 것, 이성적이지 않은 일이 벌어졌을 때 이성적으로 행동하려는 것은 소용없는 짓이다. 저마다 감정의 혼란을 가급적 잘 관리해야 한다."

전달 작전은 정확히 이런 것, 즉 평생 획득한 물건들의 혼란스러움을 책임지려는 합당한 노력이다. 물건을 넘겨주는 것은 우리가 사라진 뒤에도 뭔가가 남으리라는 낙관주의를 겸손하게 표현한 것이다. 우리의 물건을 다른 사람과 함께 두는 것은 우리가 없는 미래에 대한 희망의 표현이다. 하지만 지나치게 물건 자체에만 초점을 맞추면 전달 의식이 개인을 위해 궁극적으로 달성하는 것을 간과하게 된다. 소유물이 인생에서 견실한 의미를 만들게 한다면, 전달은 좋은 죽음을 준비하게 도와준다. 결국 우리 자신의 문제는 어쩌지 못하더라도 우리의 소유물은 어느 정도 통제할 수 있는 그런 죽음. 마르쿠의 설명에 따르면 주된 변화는 "주는 사람의 자아와 그 자아의 잠재적 실현을 체화한 집합체로서 모은 물건이 아니라 전달 작전 그 자체"다. 우리는 증여라는 희생을 통해 더욱 자기 자신이 된다.

영국인인 나의 할머니는 살아 계셨다면 이번 주에 100세가 된다. 할머니는 진짜 런던 토박이였는데, 누군가 자신을 평범한 런던 시민으로 소개하면 언제든기 기람스게 이 시신은 만해줘을 붙이다 동시대를 산 대다수 사람들처럼 할머니에게 가장 소중한 물건은 생일이나 기념일에 받은 소박한 보석 장신구들이었다. 그런데 어느 날 저녁 반지와 브로치 몇 개를 도둑맞고 말았다. 암담한 대처 수상 시절이었는데, 할머니와 할아버지는 옆방에서 텔레비전을 보고 있었다. 할머니는 그 보석들을 잃어버린 것을 무척 슬퍼했다. 하지만 여러 면에서 보석보다는 부츠가 할머니를 더 많이 대변한다. 햇볕에 곱게 그을린 외모의 독립적이고 열심히 일하는 여성. 두툼한 세라믹 팔찌, 몇 장 안 되는 파란색 전보와 함께 부츠는 지금 내가 갖고 있고 만질 수 있는 할머니와의 유일한 연결 고리다. 부츠를 꺼낼 때마다 할머니가 영국 날씨를 전하며 파란색 국제 전보를 보내던 잃어비린 세계가 떠오른다. 부츠는 추억, 행복, 슬픔이 뒤섞인 감정을 불러일으킨다. 언젠가 내 옷장 안에 있는 옷들을 봤을 때처럼 어린 딸아이가 부츠에 열광적인 반응을 쏟아냈다. 나는 현재의 세계로, 아이의 미래로 다시 돌아온다. 일곱 살짜리가 보이는 부츠에 대한 단순한 열정이 아마 할머니를 무척 행복하게 했으리라.

푸
코
의
연
장
통

Foucault's Toolbox

"내 책이 일종의 연장통이 되었으면 한다. 다른 이들이 자신의 분야에서 어떤 방식으로든 마음대로 도구를 찾기 위해 샅샅이 뒤질 수 있는 그런 연장통." 프랑스 철학자 미셸 푸코가 1974년에 쓴 글이다. 푸코는 자신의 저작이 "유용"하기를 바랐다. "나는 독자를 위해 쓰지 않는다. 독자가 아니라 사용자를 위해 쓴다."라고 덧붙였다. 이해하기 어려울 수도 있는 푸코의 저작이 유용한지에 대해서는 의견이 분분할 수 있지만, 나는 그의 의도를 지지한다. 나도 내 연장통 속의 책, 논문, 기사를 공유하려고 한다.

여느 연장통처럼 내 것도 도구를 쓰는 목적에 좌우된다. 곤도 마리에의 안내서만이 눈에 띄는 예외일 뿐 여기에 언급한 저작들 가운데 행동 설명서는 없다. 이 저작들은 물건과 함께 하는 똑똑한 삶에 어떤 것이 수반될 수 있을지 생각하게 만드는 아이디어틀이나. 수필가인 리베가 솔깃이

《*Encyclopedia of Trouble and Spaciousness*》(Trinity University Press, San Antonio)에서 주장하듯이 이 저작들은 "아이디어 뭉치이자 미래의 집의 모습에 불을 지필 또 다른 불쏘시개"가 될 수 있다. 어떤 아이디어들은 위안이 되고, 또 어떤 아이디어들은 자극이 될 것이다.

이 책을 쓰는 동안 나를 만들고, 들들 볶고, 영감을 주고, 도전의식을 불러일으킨 '생각 꾸러미'를 공유하는 것은 이러한 신중한 양면성이 병존하는 정신 안에 있다. 그 어떤 것도 새하얗게 표백한 수건과 각 잡힌 맞춤 시트가 있는 완전히 새것 같은 벽장이나 시간을 정지시키는 마술을 약속하지 않는다. 물건과 함께 살아가려면 심사숙고해야 하지만 이것이 최종적인 상태는 아니라는 게 내 관점이다. 스스로 선택하지 않은 제약, 그러니까 재정적·가정적·경제적·사회적 기대 안에서 뒤죽박죽 만들어가고 계속 뒤죽박죽인 상태로 있는 것이 인생이다.

여기에서 제시한 도구들은 주로 교수들끼리 전문적인 토론을 하려고 쓴 학술 논문(놀랍게도 저자들 가운데 대다수가 사회학자다)부터 주말 판 신문에서 볼 수 있는 이해하기 쉬운 분석까지 아우른다. 많은 이들이 물질적 풍요로움과 세계화된 문화가 새롭고 불편한 방식으로 인생에 영향을 미치는 과정에서 발생하는 골치 아픈 문제들을 탐구한다. 내가 소장하거나 여러 대학 도서관에서 본 책들도 있지만 엄청난 수의 문헌들은 지역 공공 도서관에 있는 공유 자료에서 찾아냈다.

이 외에 본문에는 나오지 않은 제목들도 추가로 몇 개 열거했다. 자전거, 실망, 유골에 관한 시詩들, 시인들이 쓴 사람과 집, 기억에 관한 책이다. 시인의 도구는 정선된 몇 마디 말만으로도 논쟁, 경험, 불안의 핵심을 찌른다. 자신 있다면 한 번 읽어보길.

첫머리 명구

이 책 맨 앞에 나오는 명구는 작가 제럴드 브레넌이 진지한 예술가로서의 도라 캐링턴을 무시하는 말이다. 브레넌이 보기에 캐링턴은 예술을 하는 데 있어서 필수적인 핵심 요소가 결여되어 있었다. 브레넌의 편지는 버지니아 니컬슨의 《Among the Bohemians: Experiments in Living 1900-1939》(Harper Collins, New York, 2002, p. 212)에 인용되어 있다. 오래되고 조화롭지도 않지만 흥미로운 "쓰레기"를 향한 캐링턴의 애정은 니컬슨이 'Dwelling with Beauty'라는 장章에서 더 자세히 설명해놓았다. 최근 중고 가게에서 발견한 물건에 대해 얘기하는 캐링턴의 말이 인용되어 있다. "잔 받침이 있고 잔가지 무늬가 있는 최상품 자기 가운데 매우 아름답고 정교한 오래된 커피 잔 다섯 점을 엄선했다. 그중 세 점은 손잡이가 없다."

마티스의 안락의자

마리프랑스 부아예의 아름다운 책 《Matisse at Villa le Rêve》(Thames & Hudson, London)는 특정 소유물에 대한 마티스의 애착과 제2차 세계대전 당시 및 전후에 마티스가 빌라 르 레브에서 지내는 동안 물건들이 작품에서 담당한 역할을 탐구한다. 광택이 나는 소책자로, 마티스가 작업하고 있는 모습과 그의 물건들, 집과 정원을 담은 엘렌 아당Hélène Adant의 흑백 사진들이 수록되어 있다. 마티스가 루이 아라공에게 보낸 편지들도 발췌 인용되어 있다. 마티스의 개성이 오롯이 담긴 안락의자에 대한 아라공의 재담은 조 애나 이사크의 《Feminism and Contemporary Art》(Routledge, London)에 실려 있다.

마티스가 아프고 난 뒤의 삶은 앨러스테어 수크의 간결하고도 통찰력 있는 《Henri Matisse: A Second Life》(Penguin, London)에 남겨 있나. 이 책은

생애 마지막 해에 발휘된 마티스의 창의성을 탐구하면서 작품 활동을 자신
만의 예술적 '결말'로 이끌기 위해 서두른 한 남자로서의 마티스를 드러내
보인다. 만년의 인생에 대한 느낌, 활기차고 정력적인 힘, 예술적 활동 뒤의
헌신은 2014년 6월 5일 《런던 리뷰 오브 북스》에 실린 T. J. 클라크^{T. J. Clark}의
에세이 〈The Urge to Strangle〉에도 잘 나와 있다.

마티스가 예술, 소묘, 그림에 관해 직접 쓴 짧은 글 몇 편은 허셜 B. 치
프^{Herschel B. Chipp}의 《*Theories of Modern Art*》(University of California Press,
Berkeley)에서 가져왔다.

힐러리 스펄링이 쓴 두 권짜리 전기는 마티스의 삶, 직공 – 마티스의 증
조부는 리넨을 짜는 직공이었다 – 이었던 집안 내력과 그의 심미안, 섬유와
직물에 대한 애정 사이의 연관성 및 영향력, 일상적인 사치에 대한 집착에
대해 좀 더 폭넓은 시각을 제공한다. 1869년부터 1908년에 이르는 마티스
의 초년 시절은 스펄링의 《*The Unknown Matisse*》(Alfred A. Knopf, New York)
에서, 1909년부터 1954년 사망할 때까지는 《*Matisse, The Master*》(Hamish
Hamilton, London)에서 다루고 있다.

내가 읽은 조르주 페렉의 첫 번째 소설 《*Things: A Story of the Sixties*》
(Harvill, Hammersmith)는 그의 또 다른 작품 〈*A Man Asleep*〉이 수록된 판본
이다. 《*Things*》는 1965년 프랑스에서 《*Les Choses*》(Editions Julliard)로 처음 출
간되었다.

조지 몬비오의 칼럼 'Materialism: A System That Eats Us from the
Inside Out'은 〈가디언〉(2013년 12월 9일)에 실린 것이다.

심리학자 미하이 칙센트미하이의 에세이 〈Why We Need Things〉는
물건에 관한 연구의 핵심 내용을 이해하기 쉽게 소개한 글이다. 이 에세이는

스티븐 루바Steven Lubar와 W. 데이비드 킹거리W. David Kingery가 엮은 에세이 모음집인 《History from Things: Essays on Material Culture》(Smithsonian Books, Washington) 수록작으로 출간되었다.

마샤 리친스와 동료들이 진행한 물질주의에 대한 연구는 여러 소비자 연구 및 마케팅 학술지에 학술적 연구 논문들로 발표되었다. 《Journal of Consumer Research》 13권에 실린 리친스와 피터 H. 블로흐의 1986년 논문 'After the New Wears Off: The Temporal Context of Product Involvement'도 그중 하나다. 《Journal of Consumer Research》 40권에 발표된 리친스의 2012년 논문 'When Wanting is Better than Having: Materialism, Transformation Expectations, and Product-Evoked Emotions in the Purchase Process'도 있다. 리친스는 피터 H. 블로흐와 함께 1991년 《Journal of Business Research》 23권에 'Post-Purchase Product Satisfaction: Incorporating the Effects of Involvement and Time'이라는 또 다른 논문을 발표했다. 동료인 킴 K. R. 맥키지Kim K. R. McKeage, 데비 나자르Debbie Najjar와 함께 한 리친스의 논문 'An Exploration of Materialism and Consumption-Related Affect'는 1992년 학술지 《Advances in Consumer Research》 19권에 발표되었다. 리친스의 논문 'Materialism, Transformation Expectations, and Spending: Implications for Credit Use'는 2011년 《Journal of Public Policy & Marketing》 30권에 수록되었다.

물질주의 심리학에 대해 알기 쉽게 설명한 책으로 팀 캐서Tim Kasser의 《The High Price of Materialism》(MIT Press, Cambridge)도 있다.

예술가 마이클 랜디의 '브레이크 다운'은 유튜브에서 볼 수 있으며, 그에 관한 다큐멘터리와 아트 퍼포먼스도 유튜브에서 검색 가능하다. 미술사가이자 큐레이터인 줄리안 스탈라브라스Julian Stallabrass와 랜디의 대화는 '아트엔젤(Artangel; artangel.org.uk)'에 실려 있다. 랜디의 퍼포먼스에 관해 쓴 예술 비평가 서배스천 스미의 에세이 〈Ghost in the Machine〉은 2007년 8월 21일자 《The Australian》지에 실렸다. 앤드루 오헤이건의 에세이 〈The Things We Throw Away〉는 2007년 5월 24일 《런던 리뷰 오브 북스》에 게재됐다. '브레이크 다운' 퍼포먼스를 하고 9년 뒤에 리나 코너Lena Corner가 랜디와 한 인터뷰는 2010년 〈인디펜던트〉에 'Has Destroying All Their Worldly Goods Made These Artists Happy?'라는 제목의 기사로 나왔다.

잘 모르는 사람들을 위해 알려주자면 곤도 마리에의 베스트셀러 책 제목은 《The Life-Changing Magic of Tidying Up: The Japanese Art of Decluttering and Organizing》(Ten Speed Press, Berkeley), 《Spark Joy: An Illustrated Guide to The Japanese Art of Tidying》(Ebury, London)이다. 곤도의 안내서는 그 효과성에 감탄하는 수많은 에세이와 기고문에 영감을 주었다.

내가 기댔던 곤도 마리에의 주장을 분석하거나 비판하는 글들은 많지 않다. 수전 볼로틴의 논평은 2015년 〈월스트리트저널〉에 'Marie Kondo and the Cult of Tidying Up'이라는 제목으로 실렸다.

정신분석가 크리스토퍼 볼라스는 《The Evocative Object World》(Routledge, London)에서 영향, 감정, 정서 사이의 관계에 대해 서술했다.

곤도 스타일의 정리정돈하기를 꼼꼼하게 뜯어본 아델 채펀의 'Will Tidying Guru Marie Kondo's Cleaning Advice Really Change Your Life?'는 www.racked.com에서 볼 수 있다.

인간과 특별한 물건에 대한 풍부하고 대단히 흥미로우며 종합적인 칙센트미하이와 유진 록버그할턴의 연구는 1981년 《The Meaning of Things》

(Cambridge University Press, Cambridge)라는 책으로 출간되었다.

줄리엣 쇼어의 에세이 〈Learning Diderot's Lesson: Stopping the Upward Creep of Desire〉는 팀 잭슨Tim Jackson이 엮은 에세이 모음집 《Sustainable Consumption》(Routledge, London)에 수록되어 있다.

로라 밀러의 에세이 〈Someday Never Comes〉는 《The Slate Book Review》에 실렸다.

현대 사회의 물질적 열망의 정도와 충격에 관한 클라이브 해밀턴과 리처드 데니스의 토론은 《Affluenza: When Too Much is Never Enough》(Allen & Unwin, Crows Nest)으로 출간됐다. 물질주의의 매력을 설명하기 위해 제임스 트위첼이 제시한 사례는 《Lead Us Into Temptation: The Triumph of American Materialism》(Columbia University Press, New York)에 나온다.

철학자 크리스핀 사트웰과 수필가 리베카 솔닛은 내가 가장 좋아하는 작가와 사상가다. 경험을 처음부터 다시 시작하고픈 욕구에 관한 사트웰의 묵상은 《The Six Names of Beauty》(Routledge, London)에서, 솔닛이 말한 물질주의와 물질에 대한 깊은 관심의 차이점은 《Encyclopedia of Trouble and Spaciousness》(Trinity University Press, San Antonio)에 실린 뛰어난 에세이 〈Inside Out, or Interior Space (and Interior Decoration)〉에서 가져왔다.

에드워디언 스타일의 옷장

옷장에 관한 도입부 인용문은 프랑스 철학자 가스통 바슐라르의 《공간의 시학》 중 가사 공간과 경험에 대한 글에서 가져왔다.

1930년대 미국 여성들이 소유한 옷의 숫자에 관한 통계는 2015년 1월 15일 《보브스》에 실린 에마 존슨의 기사 'The Real Cost of Your Shopping

Habits'에서 가져왔다. 영국에 대한 통계는 《*Stuffocation*》의 저자 제임스 월먼이 2015년 1월 24일 BBC 온라인에 게재한 기사 'Viewpoint: The Hazards of Too Much Stuff'에서 가져왔다.

'물건스러움'을 잃어버린 물건에 깃든 '위안 습성'에 관한 사회학자 토니 키론과 리베카 리치의 생각은 학술지 《*Theoretical Criminology*》(4/4, 2000)에 실린 두 사람의 학술 논문 'Invasion of the 'Body Snatchers': Burglary Reconsidered'에서 인용했다.

노인학자 데이비드 J. 에커트의 탁월하고 명료한 글 〈Dispossession: The Tenacity of Things〉는 학술적인 글을 모아서 엮은 《*Consumption and Generational Change: The Rise of Consumer Lifestyles*》(Transaction Publishers, New Brunswick)에 수록되어 있다.

윌리엄 모리스의 집 꾸미기, 아름다움, 사회에 대한 여러 생각은 지금도 책과 인터넷에서 널리 인용된다. 하지만 폭넓은 맥락에서의 대중 강연 글을 읽는 사람은 거의 없다. 단순함, 아름다움, 유용성에 대한 유명한 처방과 더불어 'The Beauty of Life'는 1880년 버밍엄미술협회 · 디자인학회에서 강연한 것이다. 쉽고 명확하며, 오염 산업에 대한 강력한 주장으로 오늘날에도 여전히 의의가 있는 연설이다. 나는 이 연설문을 1919년 《*Hopes and Fears for Art*》(Longmans, Green and Co. New York)라는 제목의 소책자로 나온 모리스의 강연 모음집에서 찾아냈다.

데이비드 로웬탈의 서사시 《*The Past is a Foreign Country*》는 런던 케임브리지대학교 출판사에서 출간되었다.

1960년 예술가 버네사 벨이 딸 앤젤리카에게 보낸 편지는 프랜시스 스폴딩 Frances Spalding이 쓴 전기 《*Vanessa Bell*》(Tempus, Stroud)에 인용되어 있다.

벨의 동생 버지니아 울프도 1935년 1월 23일 조카 앤젤리카와 쇼핑한 뒤 일기에 비슷한 이야기를 털어놓은 적이 있다. "옷 감각이 정말 특이하다!" 버지니아 울프의 일기에는 이 같은 관찰들이 가벼운 어조로 간간이 나온다.

심리학자 배리 슈워츠의 《*The Paradox of Choice: Why Less is More*》(ECCO, New York)는 적당히 좋은 결정을 하는 전략, 더 많은 선택이 부담일 수 있는 이유에 대해 알기 쉽게 설명한다.

아름다움에 대해 이해하기 쉬우면서도 광범위한 논의를 한 철학자 크리스핀 사트웰의 《*The Six Names of Beauty*》(Routledge, London)는 그 자체로 아름다워 보이는 책이다.

호주 화가 그레이스 코싱턴 스미스의 작품은 호주의 미술관 곳곳에 있다. 1955년 작 'Interior with Wardrobe Mirror'는 뉴사우스웨일스미술관에 소장되어 있다. 터라머라(Turramurra; 뉴사우스웨일스 교외 지역) 침실을 그린 스케치 몇 점은 대니얼 토머스Daniel Thomas의 《*Grace Cossington Smith: A Life*》(The National Gallery of Australia, Canberra)에 수록되어 있다. 스미스의 다양한 작품은 주 미술관 웹사이트를 통해 온라인으로 볼 수 있다.

샘 고슬링의 《스눕: 상대를 꿰뚫어 보는 힘》은 사람, 성격, 소유물에 관해 이해하기 쉽게 설명한 책이다. 대니얼 카너먼이 동료들과 함께 진행한 '정점과 종점' 경험에 대한 연구는 카너먼의 책 《*Thinking, Fast and Slow*》(Farrar, Straus & Giroux, New York)에서 찾아볼 수 있다.

이타카섬의 돌

야니스 리초스Yannis Ritsos의 시 'Departures Ⅰ', 'Ⅱ', 'Ⅲ'를 추천한다. 표면상 떠남에 관한 시늘이지만 인생이 다 비워지는 느낌을 떠올리게 한다. 리초스의 시는 《*Yannis Ritsos: Selected Poems, 1936-1988*》(Boa Editions, Brockport)로 출간되었다.

건축가이자 수필가인 비톨트 립친스키의 《*Home: A Short History of an Idea*》(Viking, New York)는 훌륭한 내용에 비해 잘 알려지지 않은 책이다. 나는 이 책을 프랭크 R. 윌슨의 《*The Hand*》(Vintage, New York), 존 M. 헨쇼John M. Henshaw의 《*A Tour of the Senses*》(John Hopkins Press, Baltimore)와 마찬가지로 동네 공립 도서관에서 찾아냈다.

사회학자 팀 던트의 학술서 《*Material Culture in the Social World*》(Open University Press, Milton Keynes)는 여러 생각과 논쟁들을 이해하기 쉽게 다루고 있다. 이 책과 같은 내용을 담은 동료 사회학자 데버러 럽턴Deborah Lupton의 논문 'Infants and/as Objects'는 academia.edu에 실려 있다.

체현에 관한 모리스 메를로퐁티의 라디오 강연은 매력적인 소책자 《*The World of Perception*》(Routledge, London)으로 출간되었다.

나는 멜버른에 있는 임비건 북스Embiggen Books 대표 워런 보닛Warren Bonnet의 추천으로 살마 로벨Thalma Lobel의 베스트셀러 《*Sensation: The New Science of Physical Intelligence*》(Scribe, Melbourne)를 구입했다.

리처드 루브Richard Louv의 《*Last Child in the Woods*》(Atlantic, London)는 지역 도서관에서 봤다. 올리버 색스의 《*An Anthropologist on Mars*》(Picador, London)도 그러했는데, 갖고 있던 색스의 책이 사라져버렸기 때문이다(지금도 어딘가에서 읽히고 있기를 바란다).

데버러 니들맨의 친절하고 아름다운 양장본 《*The Perfectly Imperfect Home*》(Clarkson Potter, New York)에는 특별히 인테리어에 관한 예쁜 수채화 스케치도 수록되어 있다.

마지막으로 내가 갖고 있는 니코스 카잔차키스의 《Report to Greco》(P. A. Bien 번역, Simon & Schuster, New York)는 타마르강 근처 태즈메이니아 뷰티 포인트Beauty Point에 있는 어느 중고 가게에서 발견한 것이다.

이케아 의자 포엥

이 장은 자기瓷器 예술가 에드먼드 드 월의 《The White Road》(Chatto & Windus, London)에서 가져온 인용문으로 시작한다. 이 책은 자기의 기원에 관한 이야기를 찾아다닌 드 월의 여정을 담고 있다.

작가 메건 다움의 자서전 《Life Would Be Perfect If I Lived in That House》(Alfred A. Knopf, New York)는 소망하는 것, 희망, 집의 역사에 대한 재미있는 자기성찰이다. 특히 가구와의 일시적 동거에 대한 설명이 통찰력 있다.

인류학자 재닛 호스킨스의 논문 'Agency, Biography and Objects'는 academia.edu에서 온라인으로 볼 수 있다.

위키피디아에 따르면 프랑스 사회학자 장 보드리야르의 1968년 책 《The System of Objects》(Verso, London)는 그의 박사학위 논문 'Le Système des Objets(The System of Objects)'에서 시작됐다고 한다. 이 논문은 20세기 이론의 대가들의 관리·감독하에 완성되었다. 당시 앙리 르페브르, 롤랑 바르트, 피에르 부르디외가 논문 심사 위원이었다.

건축사가 스티븐 패리신의 《Interiors: The Home Since 1700》(Laurence King Publishing, London)는 인테리어를 둘러싼 논쟁과 트렌드를 여러 시기에 나온 컬러 사진과 광고를 통해 이해하기 쉽고 간략하게 설명한다.

《The Language of Things》(Allen Lane, London)의 저자인 런던 디자인 뮤지엄 관장 데얀 수딕은 내셔 강연과 일간지 〈가디언〉에 이해하기 쉬운 디자인 해설도 한다. 2006년 4월 런던의 빅토리아 앨버트 박물관에서 열린 크리스토퍼 윌크의 모더니즘 전시에 대한 논평 'Back to the Shiny New Future'와 기사 'Is Modernism Dangerous?'는 둘 다 〈가디언〉에 실렸다.

엘렌 러펠 셸의 《Cheap: the High Cost of Discount Culture》(Penguin, New York)와 〈뉴요커〉에 실린 로런 콜린스Lauren Collins의 'House Perfect? Is the IKEA Ethos Comfy or Creepy?'는 싸고 빠른 해법에 중독된 결과에 대해 탐구한다.

정신분석가 애덤 필립스는 언론인 새미어 파다니아Sameer Padania가 bombmagazine.org에 게재하기 위해 진행한 인터뷰에서 정보 과잉에 대한 생각을 제시하면서 자본주의 문화를 두고 "배가 고프든 말든 먹이는 강제 급식"이라고 도발적인 주장을 폈다. 필립스는 "이것은 우리가 배가 고픈 때를 결코 알 수 없고, 원하는 게 뭔지 생각할 여유가 없다는 의미다"라고 했다.

인간과 특별한 물건에 대한 칙센트미하이와 유진 록버그할턴의 연구는 1981년 《The Meaning of Things》(Cambridge University Press, Cambridge)로 출간되었다.

사회학자 지그문트 바우만의 《Liquid Times: Living in an Age of Uncertainty》(Polity, Cambridge)는 고체에서 액체로의 현대성의 변화라는 매우 중요한 관점을 탁월하게 소개할 뿐만 아니라, 특히 세계화된 문화에서 상태의 한계, 그리고 "잉여 인간"이 어떻게 만들어지고 대우받는지 통찰력 있게 다룬다. 이 책에서 '이동 중인 인류[Humanity on the Move]'라는 장은 '난민 문제'를 이해하는 데 상당히 도움이 된다. 세계에서 가장 가난한 사람들부터 가장 부유한 사람들 가운데 한 명까지 언론인 루크 하딩Luke Harding이 〈가디언〉에 게재한 기사 '1974 IKEA chair, one careful owner, not for sale'

(2006년 12월 20일)은 이케아 설립자 잉바르 캄프라드가 자신의 회사에서 생산한 최초의 포엥 의자 가운데 하나를 오랫동안 사용한 일화를 다뤘다. "캄프라드 씨는 일본인이 디자인한 자신의 포엥 의자를 몹시 좋아하며 그걸 다른 의자로 바꿔야 할 이유를 전혀 모르겠다고 말했다."

벨벳 재킷

약속과 실망에 관해서는 필립 라킨Philip Larkin의 1951년 시 〈Next, Please〉를 추천한다. 이 시는 《Collected Poems》(Faber and Faber, London) 2003년 판에 실려 있다.

물건이 미래 모습을 어떻게 환기시키는가에 대한 인류학자 그랜트 매크래컨의 생각은 팀 잭슨이 엮은 에세이 모음집 《Sustainable Consumption》(Routledge, London)에 수록된 〈The Evocative Power of Things: Consumer Goods and the Preservation of Hopes and Ideals〉에 잘 나온다. 작가 리베카 솔닛의 에세이 〈Inside Out, or Interior Space (and Interior Decoration)〉은 그녀의 에세이 모음집 《Encyclopedia of Trouble and Spaciousness》(Trinity University Press, San Antonio)에 수록되어 있다.

존 캐럴의 《Ego and Soul》은 버클리의 카운터포인트(Counterpoint) 출판사에서 출간되었다. 성숙함의 의미에 대한 철학자 수전 니먼의 탐구는 2014년 《Why Grow Up?》(Penguin, London)에 담겨 있다.

옷과 그 개인적 의미를 다룬 작가 제니 디스키의 에세이는 2002년 11월 14일 《런던 리뷰 오브 북스》에 실린 〈Diary〉다. 알렉산더 나겔의 스타일에 대한 생각은 실라 헤티Sheila Heti, 하이디 줄라비츠Heidi Julavits, 리앤 셉턴Leanne Shapton 외 639명이 참여한 《Women in Clothes》(Penguin, London)에 수록된 인터뷰에서 가져왔다. 1964년 D. W. 위니콧의 끝나지 않은 논의 〈The Concept of the False Self〉는 《*Home is Where We Start From*》(Penguin, London)에 수록되었다.

인류학자 재닛 호스킨스의 논문 'Agency, Biography and Objects'는 academia.edu에서 온라인으로 볼 수 있다. 버지니아 울프의 《*Orlando*》(Triad/Panther, St Albans)는 페이퍼백으로, 아마 전자책으로도 쉽게 볼 수 있을 것이다. 주류의 바깥에 사는 사람들에 관해서 버지니아 울프의 종손녀 버지니아 니컬슨이 쓴 책은 《*Among the Bohemians*》(Viking, London)다.

시몬 드 보부아르의 자전거

나는 자전거 타기의 경험에 대해 조사하던 중 타는 사람과 탈것 사이의 왕복운동을 그린 마이클 도너히 Michael Donaghy의 시 〈Machines〉를 우연히 발견했다. 이 시는 맨 처음 1988년 잡지 《Poetry》 9월 호에 실렸다.

시몬 드 보부아르의 《*Wartime Diary*》(Anne Deing Cordero 번역, Margaret A. Simons, Sylvie Le Bon de Beauvoir 엮음, University of Illinois, Urbana)에는 드 보부아르가 처음 자전거를 탔던 경험이 나온다. 디어드리 베어가 쓴 전기 《*Simone de Beauvoir: A Biography*》(Vintage, London)에서는 전쟁 기간 동안 썼던 일기와 편지의 더 광범위한 맥락을 이해할 수 있다. 드 보부아르의 《*The Blood of Others*》(Roger Senhouse, Yvonne Moyse 번역, Pantheon Books, New York)는 내가 청소년기에 최초로 읽은 소설책이었다. 당시에 갖고 있던 흑백 사진이 있는 표지에 책등이 연초록색인 펭귄 출판사 판에 정서적으로 애착이 있었지만 잃어버린 지 오래다. 지금 갖고 있는 판테온 출판사 판은 평론가이자 작가인 제임스 티어니 James Tierney의 호의 덕분에 내 손에 들어왔다.

데이비드 V. 헐리히David V. Herlihy의 《Bicycle: The History》(Yale University Press, New Haven)와 로버트 펜의 《It's All About the Bike: The Pursuit of Happiness on Two Wheels》(Penguin, London)는 동네 도서관에서 빌렸다.

소유물의 정의에 관한 루이스 하이드의 간략한 설명은 《The Gift: Creativity and the Artist in the Modern World》(Vintage Books, New York)에 수록되어 있다. 마거릿 라딘의 《Reinterpreting Property》(University of Chicago Press, Chicago)에서는 헤겔의 《Philosophy of Right》에 대한 설명과 이 장 서두에 나오는 명구를 가져왔다.

스탠리 애버크롬비의 에세이집 《Work, Life, Tools: The Things We Use to Do the Things We Do》(The Monocelli Press and Steel Case Design Partnership, New York)는 광택지 산업 출판의 표본이다. 내 남편 데이먼 영Damon Young은 오래전에 이 책을 발견하고선 머잖아 내게 유용하리라 생각했다고 한다.

물건과 인간의 상호작용에 대한 사회학자 팀 던트의 설명은 발표되지 않은 논문인 'Playing with Things: Objects and Subjects in Windsurfing'에 나온다.

심리학자 미하이 칙센트미하이가 진행한 '플로우flow'라는 개념에 대한 연구는 맨 처음 《Beyond Boredom and Anxiety》(Indiana University Press, Bloomington)라는 학술서로 출간됐다가 10년 뒤 《Flow》(Harper Collins, New York)라는 대중서로 다시 나왔다.

사회학자 로제 카유아의 놀이에 대한 설명은 《Man, Play and Games》(Meyer Barash 옮김, University of Illinois Press, Urbana)에서 가져왔다. 달라진 여가의 본질은 비톨트 립친스키가 1991년 8월 《애틀랜틱》에 기고한 에세이 〈Waiting for the Weekend〉에 잘 설명되어 있다.

푸코의 연장통

싱어 재봉틀

장인과 소비자의 뚜렷한 차이점에 관한 철학자 매튜 크로포드의 설명은 그의 책 《Shop Class as Soulcraft: An Inquiry Into the Value of Work》(Penguin, New York)에 나온다.

페이스 팝콘은 트렌드캐스터다. "인간의 손"에 대한 굶주림에 관한 팝콘의 주장은 널리 인용되고 있는데, 스테퍼니 펄맥피Stephanie Pearl-McPhee가 크래프트 빅토리아Craft Victoria 웹사이트에 올린 'The Knitting Revolution'도 그중 하나다.

공예의 활용 및 소비에 대한 통계는 호주 통계청과 영국 공예위원회 Crafts Council of England의 보고서에서도 찾아볼 수 있다(4921.0 Participation in Selected Cultural Activities). 공예 활동 참여 및 이를 지원하기 위한 모금에 대한 심층적인 분석은 2012년 3월 2일 벤 엘섬이 〈Crikey〉 온라인에 쓴 기사 'We Love Getting Crafty, But There's No Money in the Kitty'에서 볼 수 있다.

사회학자 리처드 세넷의 《The Craftsman》(Penguin, London)은 1만 시간의 법칙을 알기 쉽게 설명하면서 장인과 작품의 결합을 이야기하는 알찬 책이다.

호주 내셔널갤러리의 장식예술 · 디자인 수석 큐레이터 로버트 벨의 《Material Culture: Aspects of Contemporary Australian Craft and Design》(National Gallery of Australia, Canberra)은 예술가와 공예가가 세계화의 무수한 압박, 특히 물질에 대한 평가절하에 어떤 식으로 저항하는 경향이 있는지 설명한다.

노동자와 자본주의 체제하에서 노동자가 만든 물건의 관계에 대한 철학자 카를 마르크스의 생각은 《Economic and Philosophic Manuscripts of 1844》

(Dirk J. Struik 엮고 소개함, International Publishers, United States)에 기술되어 있다.

제조업 최강국인 중국의 규모는 2013년 8월 5일《애틀랜틱》에 실린 언론인 맷 스키아벤차의 인포그래픽이 첨부된 기사 'China's Dominance in Manufacturing-In One Chart'에 아주 잘 설명되어 있다. 세계화 전후의 중국에 대한 이저벨 힐턴의 개인적인 견해는 2005년 봄《그랜타》89호에 실린 'Made in China'에 나와 있다. 이 같은 주제를 다룬 'The Factory', 특히 데즈먼드 배리Desmond Barry의 'A Job on the Line'은 집에서 가까운 근로 환경을 그리워하는 감상적인 향수의 포로가 되지 않도록 더 광범위한 독서를 가능하게 해준다.

가장 좋아하는 옷이 어떻게 생산되는지에 관한 환경론자이자 작가인 타니아 하의 개인적인 생각은 맨 처음 트위터에 게재된 글이었다. 트위터 글을 작가의 허락하에 이 책에 실었다.

지리학자 데이비드 하비의《The Condition of Post-modernity》(Blackwell, Oxford)는 바우만의 저작과 더불어 세계화된 자본주의의 결과 및 그에 대한 대응을 이해하는 데 매우 중요하다. 이 책의 3부 '시간과 공간의 경험The Experience of Space and Time'은 특히 더 그러하다.

마케팅 교수인 크리스토퍼 푹스, 마르틴 슈라이어, 슈타인 M. J. 판 오셀레어의 핸드메이드 효과에 관한 논문 'The Handmade Effect: What's Love Got to Do with It?'은《Journal of Marketing》(2015년 3월, 79권)에 실렸다.

출판인 제프 슬래터리는 잰 파일랜드Jan Phyland, 재닛 드 슬리바Janet De Sliva의《Handmade in Melbourne》(발행인 제프 슬래터리, Docklands) 2006년 판에 등장한다. 비슷한 맥락이지만 비전분석인 시각에서 쓴 책으로 페이스 러빈과 코트니 하이멀Cortney Heimerl의 《*Handmade Nation: The Rise of DIY, Art, Craft, and Design*》(Princeton Architectural, New York)이 있다. 사회학자 베티 그리어의 공예와 노동에 관한 에세이도 러빈과 하이멀의 책에 나온다.

2013년 옴 말리크Om Malik가 진행한 엣시의 최고경영자 채드 디커슨과의 온라인 시장에 대한 인터뷰 'Meet the Man Behind New York's Other Billion Dollar Internet Company. This One Makes Money'는 gigaom.com에서 읽어볼 수 있다. 엣시가 제시한 '핸드메이드'의 새로운 정의에 대한 니콜 밴더빌트의 반응은 잡지《몰리 메이크스*Mollie Makes*》에 나온다. 변화된 정의에 대한 비판은 wired.com에 올라가 있는 그레이스 도부시Grace Dobush의 글 'How Etsy Alienated Its Crafters and Lost its Soul'(2015년 2월 19일)에서도 볼 수 있다.

사회학자 콜린 캠벨의 논문 'The Craft Consumer'는 학술지 《*Journal of Consumer Culture*》[volume 5(1), 2005]에 실렸다. 엘리자베스 굿맨과 다니엘라 K. 로스너의 연구 결과는 《*CHI 2011*》(2011년 5월 7-12일)에 'From Garments to Gardens: Negotiating Material Relationships Online and "By Hand"'로 발표되었다.

공예가 라모나 배리가 리베카 잡슨과 함께 쓴 책《*The Craft Companion*》(Thames & Hudson, Port Melbourne)에 대해 프랜시스 앳킨슨Frances Atkinson과 한 인터뷰는 일간지 〈The Age〉(2015년 11월 6일)에 실렸다.

마지막으로 가장 소중히 여기는 물건은 대개 금전적 가치가 별로 없다는 사실을 상기시켜준 심리학자 미하이 칙센트미하이의 주장은 스티븐 루바와 W. 데이비드 킹거리가 엮은 《*History from Things: Essays on Material Culture*》(Smithsonian Books, Washington)에 수록된 그의 에세이 〈Why We

Need Things》에서 가져왔다.

빈 서랍

이 장은 아들의 결혼으로 집과 집에 있는 물건들을 잃게 된 미망인 게레스 부인Mrs Gereth의 이야기를 다룬 헨리 제임스의 소설《The Spoils of Poynton》(Macmillan & Co, London)으로 시작한다. 잃어버린 물건, 장소, 기억에 관한 시인 리사 고튼Lisa Gorton의 시집《Hotel Hyperion》(Giramondo, Artarmon)과 소설《The Life of Houses》(Giramondo, Artarmon)도 추천한다.

철학자 시몬 드 보부아르는《A Very Easy Death》(Patrick O'Brian 옮김, Penguin, London)에서 어머니의 죽음에 관한 개인적인 이야기를 감동적으로 들려주는데, 나이 듦(Patrick O'Brian 옮김, Penguin, London)에 대해서도 사회학적이고 철학적으로 광범위하게 설명한다.

크나큰 슬픔 안에서 물건이 하는 역할에 대한 설명으로 좀 더 최근에 나온 것은 사회학자 마거릿 깁슨의《Objects of the Dead: Mourning and Memory in Everyday Life》(Melbourne University Press, Carlton)에서 볼 수 있다.

나이 듦과 소유물은 점점 더 교수들, 칼럼니스트들, 언론인들의 관심 주제가 되고 있다. 언론인 스테퍼니 우드가 연로한 어머니의 집을 치우면서 느낀 개인적 소회를 담은 글 'Home Truths'는 2015년 5월 2일자 〈Fairfax〉에 실렸다. 칼럼니스트 도미니크 브라우닝은 〈뉴욕타임스〉에 기고한 'Let's Celebrate the Art of Clutter'(2015년 5월 29일)에서 우드와는 반대되는 의견을 제시했다. 내용을 이해하기 쉬운 '인생 학교[The School of Life]' 시리즈 중에서 사회학자이자 언론인인 앤 카르프Anne Karpf가 쓴《How to Age》(Pan Macmillan, London)는 나이 듦의 정신 작용에 대해 논의한다.

노화와 소유물에 대한 학문적 연구는 인간이 보통 나이가 들면 물건으로 뭘 하는지를 기초로 한 여러 관찰들을 제시한다. 인류학자 장세바스티앵 마르쿠가 캐나다 몬트리올에서 진행한 노인들의 처분 의식에 관한 실증적이고도 이론적인 설명인 'The "Casser Maison" Ritual: Constructing the Self by Emptying the Home'은 《Journal of Material Culture》(2001년 7월 1일)에 실렸다. 이 글의 논조는 학술적이긴 하나 물건을 주려는 시도와 한계, 노력을 무척 감동적으로 설명한다. 나이 든 여성들의 처분 실행에 대한 인류학자 베벌리 R. 모리스의 연구는 《Journal of Women & Ageing》[volume 4(2), 1992]에 실린 'Reducing Inventory: Divestiture of Personal Possessions'에서 가져왔다. 아끼는 물건에 대한 러셀 벨크의 연구는 《Journal of Consumer Research》[volume 15(2), 1988]에 실린 'Possessions and the Extended Self'에서 가져왔다. 사회학자 조너선 I. 막스, 제니퍼 크루 솔로몬, 리 Q. 밀러의 'Gift Wrapping Ourselves: The Final Gift Exchange'는 《Journal of Gerontology》[volume 59B, 2004]에 실린 것이다. 사회학자 데이비드 R. 언러의 논문 'Death and Personal History: Strategies of Identity Preservation'은 《Social Problems》[volume 30(3), 1983]에 발표된 것이다.

　　패션사가 제임스 레이버의 취향에 대한 생각은 1935년에 출간된 그의 책 《Taste and Fashion》(George G. Harrap & Company, London)에 나온다.

　　헨리 제임스가 부지런히 편지를 처분한 일화는 2008년 1월 3일 《런던 리뷰 오브 북스》에 실린 콤 토이빈Colm Tóibín의 글 'A Man with My Trouble'에서 가져왔다. 코펜하겐 박물관에 남겨진 사적인 소장품들에 대한 민족학자 레네 오토와 뤼케 L. 페데르센의 분석은 대단히 흥미로운 동시에 읽는 사람을 괴롭게 만든다(나는 오토와 페데르센의 분류를 읽으면서 어떤 수집가인

지 자문해보았다). 이에 관한 논문은 1998년 북유럽 국가의 민족학을 다루는 학술지 《Ethnologia Scandinavica》(28)에 'Collecting Oneself: Life Stories and Objects of Memory'라는 제목으로 발표되었다.

재닌 버크의 《The Sphinx on the Table》(Walker & Company, New York)은 프로이트 박물관을 방문한 내용을 담고 있다. 프로이트의 소파를 복원하기 위한 박물관의 모금 활동은 〈가디언〉(2013년 5월 6일)에 실린 마에브 케네디 Maev Kennedy의 기사 'Interpretation of Seams? Sigmund Freud's Couch Needs £5,000 Restoration'에서 가져왔다.

인류학자 마르셀 모스의 《The Gift》(Routledge, London)는 최신판으로 출간되었다.

《런던 리뷰 오브 북스》(2010년 2월 11일)에 실린 시인 오거스트 클라인 찰러의 〈Diary〉는 부모님이 살던 집을 치우는 이야기로, 평생에 걸쳐 서서히 늘어난 아주 멋진 물건들을 받아들일 수 없는 슬픔을 묘사하고 있다.

끝으로 사회학자 데이비드 J. 에커트는 린지 A. 베이커Lindsey A. Baker 와는 《Journals of Gerontology》(2015년 2월 17일)에 'The Material Convoy After Age 50'를, 에이슬린 애딩턴Aislinn Addington, 벤 헤이터Ben Hayter와는 《Generations》[volume 35(3), 2011]에 'Distributing Possessions: Personal Property Can Become a Social Matter'를 발표했다.

감사의 말

몇 년 전, 퇴원하고 얼마 안 돼 내 경험을 이해해보려고 글을 썼다. 그러고는 재미없는 그 글을 얼굴도 모르는 주말판 신문 편집자에게 이메일로 보냈다. 그 편집자가 바로 샐리 히스였다. 지금 생각해도 여전히 놀라운데, 샐리는 그 에세이를 신문에 실어준 것은 물론이고 나중에는 이 책의 집필까지 의뢰했다. 나는 그동안 전문 지식과 열정을 갖고 이끌어준 그녀에게 크나큰 빚을 졌다. 신인 작가의 첫 책을 지원해준 멜버른대학교 출판사 역시 고맙다.

아주 운 좋게도 원고를 제일 먼저 읽어준 독자가 셋이나 있었다. 데이먼 영, 매튜 램, 모린 퀴벨은 저마다 시간을 내서 내 글을 꼼꼼히 읽어본 뒤 비평해주고 책을 완성할 수 있도록 용기를 주었다. 이들 덕분에 책이 엄청나게 좋아졌다. 이 책에 어떤 문제나 한계점이 있다면 다 내 탓이다.

교열 담당자 메건 에이머에게도 고마운 마음을 전한다. 에이머는 오탈자와 뒤죽박죽인 문장들, 문법적인 고민들을 인내심을 갖고 솜씨 좋게 처리했다.

집필의 각 단계마다 몇몇 문학 기관의 지원을 직간접적으로 받는 행운도 누렸다. 책을 만드는 단계에서 멜버른대학교의 멜버른 참여연구소[Melbourne Engagement Lab]로부터 도움을 받았다. 연구소장 사이먼 클루스와 위원회의 공식 승인이 없었다면 책을 내겠다고 시도할 자신감을 얻을 수 없었을 것이다. 특히 내 글을 정기적으로 실을 수 있는 기회를 준 〈아일랜드[*Island*]〉와 〈우먼카인드[*Womankind*]〉에 감사한다. 이들 매체 덕분에 다양한 독자층을 고려한 글쓰기에 필수적인 기초 작업을 할 수 있었고, 글을 쓰는 동안 각종 청구서의 돈을 지불할 수 있었다.

특히 남편 데이먼, 어머니 모린, 시어머니 앨래나는 학교 방학 기간에 여러 날 동안 아이들 없이 글 쓸 수 있는 시간을 실질적으로 제공해줬다. 말고 다 못 할 것ㅡ 그끼 운 따름이다

내 아이들, 니코스와 소피아에게도 고맙다고 말하고 싶다. 아이들은 2015년 한 해 동안 365일 정신이 딴 데 가 있거나 곁에 없는 엄마를 잘 참아줬고, 이 책에 대해서도 큰 관심을 보이며 흥분을 감추지 못했다.

마지막으로 오랫동안 변함없이 관심을 쏟으며 따뜻하게 대해준 데이먼에게 고맙다. 응급처치용 차 한 잔, 늦은 밤에 나눈 담소, 불쑥 건넨 린트 화이트초콜릿이 없었다면 이 책은 세상의 빛을 보지 못했을 것이다.

사물의 약속

초판 1쇄 발행 2018년 1월 22일

지은이 루스 퀴벨
옮긴이 손성화
디자인 디자인 잔
인쇄 · 제본 한영문화사

펴낸이 이영미
펴낸곳 올댓북스
출판등록 2012년 12월 4일(제 2012-000386호)
주소 서울시 마포구 연희로 19-1, 6층(동교동)
전화 02)702-3993
팩스 02)3482-3994

ISBN 979-11-86732-35-9 (03180)